なりたい自分になれる
最速の技術

「人生逃げ切り」コーチング

やまもとりゅうけん

KADOKAWA

本書はこういう人を逃げ切らせます！

- 副業をやってみたいが、なにをやればいいかわからない
- まずは副業で生計を立てるまでの具体的道筋が知りたい

- 何も人に誇れるスキルがない
- フリーランスという働き方の現実を知りたい

●副業から始めてみたけどイマイチ売り上げが伸びない

●フリーランスになるとうまくいかない人の実例を知りたい

●会社の人間関係がつらい、仕事が合わないなどの解決策が知りたい考えてみてください。
「労働時間2分の1、収入は2倍」に
なったらどうでしょうか……。
あなたの悩みの99％は
解決するのではないでしょうか。
本書はそのための近道を
解説しています。

本書に書かれているのは
あなたの「人生を逃げ切る」
ための方法。
人生逃げ切りとは……。

子どもの教育資金や老後資金などの
「経済的な不安」が解消され、
あなたとあなたのまわりの人が
毎日を安心して暮らせる状態、
ミニマルな成功のことです。

本書では私が
「スキルアップを通して
理想のキャリアを築きたい」
という人たちをコーチングしてきて
得られた知見を特別に公開します。

逃げ切りのために
必要なものは
「個の力」です。

しっかりとしたスキルを
身につければ、
会社だけに頼らずとも、
副業・フリーランスとして
稼いでいくことができます。

決して派手ではないけれど、
自らのスキルを活かして、
地に足をつけ、
着実にステップアップしていく方法です。

本書を読めば、
仕事をするうえで、
あなた自身をどう見せていけばいいか、
仕事のストレスを半減し、
収入を倍増させる、
究極の「セルフプロデュース能力」を
獲得することができます。

本書からスキルの選び方、
学び方、仕事の進め方など、
人生を逃げ切るための具体的な
道筋を学んでみてください。

あなたも人生を逃げ切ることが
できるはずです！

プロローグ

人生逃げ切りコーチングとは？

経済的不安を解消して人生を逃げ切ろう

本書の目的は**「あなたに人生を逃げ切ってもらうこと」**です。

そのために、私がこれまで「スキルアップを通して理想のキャリアを築きたい」という人たちに対して行ってきたキャリアコーチングで得られたすべての知見を、特別に公開したいと思います。

私の考える「人生を逃げ切る」とは、**経済的な不安が限りなく小さく、面倒な人間関係や、誰かに決められた場所や時間に縛られることなく、人生を豊かに謳歌《おうか》できる状態**のことをいいます。

一流経営者になるとか、スーパーエリートサラリーマンになるとかではなく、**自分と自分のまわりの人が安心して暮らせるミニマルな生活、それを手に入れることが「逃げ切り」なのです。**

この**「逃げ切り状態」を、縁あって本書を手に取ってくださったあなたにぜひ達成してほしい**と思っています。

逃げ切りに必要なのは「個の力」

では「人生を逃げ切る」にはどうすればいいのでしょうか。

そこで必要となってくるのが**「個の力」**、つまり、**「会社だけに縛られるのではなく、自らの力で稼ぐ力」**です。

会社員として必死に働いても全然生活がラクにならない、お金の不安が消えないと悩む人は多いと思います。

本書を読んでいるみなさんもその状態かもしれません。

しかし、会社員でいる以上、ある意味でそれも仕方がないのです。なぜならば会社員はその仕組み上、能力の高い人ほど損をするから。収入テーブルが一定である以上、お荷物社員分の低パフォーマンスのしわよせが、どうしても中堅〜上位層の会社員の給料減に密接に関連してしまうのです。

もちろん会社員には「安定」というメリットがあります。

しかし日本の給料は20年前からほとんど上がっていません。加えて家賃補助や家族手当といった福利厚生はカットされるばかり。そこに最近の物価高が追い打ちをかけ、実質的に生活が苦しくなっていると感じている人も多いことでしょう。

詳しく知りたい方は拙著『金持ちフリーランス 貧乏サラリーマン』（KADOKAWA）を読んでいただきたいのですが、**これからの時代、普通に会社員を続けていてもジリ貧**になってしまう可能性は限りなく大です。「逃げ切り」も遠い話になってしまいます。

しかし今は幸運なことに、Web関連の知識とPCやスマホがあれば、会社や組織に頼ることなく、自分の力で生計を立てることができる時代です。それが**「副業」****「フリーランス」という働き方**です。

家賃補助
家族手当
会社
物価高
¥

まず必要なことは、**しっかりとしたスキルを身につけること**です。それがあれば会社員をしながら副業で稼ぐこともできるし、事業として成長すれば独立・フリーランスという選択もできます。

決して簡単に稼げるとか、一気に大きく稼ぐなどという話ではありません。当然ですが、「いきなり会社を辞めて無謀な挑戦」みたいなこともおすすめできません。ましてや「借金して起業」「リスクを背負って飛び込む」なんてとんでもない話です。

私の提唱する人生逃げ切り術とは、専門的なスキルを身につけ、地に足をつけて確実にステップアップしていくという、安全性・確実性を重視した方法です。

派手さや華やかさはないかもしれないけど、逃げ切るためにはそれが一番確実で、一番早いのです。

ストレスからの解放！「人生逃げ切りコーチング」

私の今までの経緯は本文で述べますが、大きな借金を抱えたことがきっかけで会社員を辞めてフリーランスのエンジニアになりました。

そこから試行錯誤を繰り返しながら、少しずつ売り上げを伸ばすことができ、コーチング事業運営、スタートアップ経営、投資家活動などを通して自分らしい働き方を手に入れました。今では人間関係に苦しむこともなく、苦手な仕事をやらされるというストレスもなく、毎日楽しく、充実した日々を送ることができています。年収も会社員時代の15倍になり、**「人生、逃げ切った」と思える状態**まで来ることができました。

もちろん大富豪でもなんでもないけれど、**おかげで子どもの教育や親の介護、老後のことなど、人生における大部分の不安は取り除かれた状態です。**

ここに至って、**この「逃げ切りスキル」を自分一人だけのものにしないで、広くみなさんと共有したい**と思うようになりました。

子ども時代に極貧生活を経験している私は、お金のない苦しみがイヤというほどわかります。

私の経験がみなさんの役に立つのなら、どんどん利用してほしいし、それによって人生を逃げ切る人が一人でも増えれば、私にとってこんなにうれしいことはありません。

ところが私はもともとコミュ力がなく、人間関係をつくるのが苦手です。

そこで始めたのが情報発信でした。自分のスキルを活かして、いかにクライアント（お客さま）を喜ばせて対価を得ていくかというノウハウを、出し惜しみすることなく、SNSでどんどん発信していきました。

すると私の価値観に共感してくれた人が徐々に集まってきてくれました。そこでできたのが、オンラインサロン「人生逃げ切りサロン」でした。

自分一人で逃げ切って終わりということではなく、**みんなで一緒に逃げ切りたい**という思いが形になっていきました。

人生逃げ切りサロンとは？

「人生逃げ切りサロン」は副業・フリーランスに特化して、さまざまなスキルを学べたり、会員同士で交流できたりするオンラインサロンです。

さまざまな講座をラインアップしていて、プログラミング、SNSマーケティング、

LINEビジネス（Lステップ）、動画編集、Webデザイン、Webライティングなどのスキルが学べます。

これらは医者・弁護士などと比べて圧倒的に学習コストが低いにもかかわらず、年収1000万〜1500万円位まで到達可能なものばかりです。

こうした講座を受けるにあたって、**スキルアップの方法、理想のキャリアの身につけ方など、**会員さんの相談に乗るようになりました。

いわば**「逃げ切りコーチング」**です。

これがことのほか好評で、たくさんの人が私のコーチングを受けに来てくれるようになりました。

この実績を認めていただいて、今回KADOKAWAさんからお話をいただいたのが本書の出版のきっかけです。

本書では「人生逃げ切りコーチング」を行うことで、**みなさんが読むだけで人生を逃げ切れるよう、しっかりガイド**していきたいと思います。

逃げ切るためにもっとも重要なこと

人生を逃げ切るために心がけてほしい、もっとも重要なことがあります。

それは**「価値のある人材になる」**ということです。

「個の力」で稼ぐということは、クライアントに対して価値を提供するということです。**価値を提供し、クライアントに喜んでもらうことで、その対価として報酬を受け取ることができる**わけです。それを繰り返すことで、収入は確実にアップするし、理想の生き方に近づけます。

だから**価値を提供できる人材になることがもっとも大事**で、そのためには常にスキルアップを心がけることも欠かせません。

その結果として「逃げ切り」に移行できるのです。

これが「稼ぎたい」が最初に来てしまうと、話がおかしなことになってしまいます。

もちろん稼ぐことはできるけれど、それはあくまで結果の話です。

よろしければ こちらも
お召し上がりください
味もサービスも
全部最高!!
さっ
価値
価値
価値
価値
価値
価値
価値
価値
価値
価値
価値
価値
価値
価値
価値
価値

ただ、価値を提供する際に、**「売り込み方」「セルフプロデュース」**は必要となってきます。

そのためには自分の弱みが表面に出ないよう、今の自分のままで、どう見せ方を変えていくかが大きなポイントとなります。

弱みを解消するというのはすごく難しいし、大きなコストのかかることだからです。それより弱みが際立たないところで戦うことが大事です。具体的な方法については本文で述べていきます。

本書1冊で逃げ切りが完結できる！

本書では私の主催したセミナーに集まってくれた5人の生徒さんとともに話を進めていきます。

この方々は**「今の生活に行き詰まっている」「現状を変えたい」**という思いを抱えて参加してくださったのですが、特段のスキルもなく、どうすればいいかわからないという悩みを抱えていました。

みなさんも彼らと一緒に講義を聴くことで、マインドのつくり方、スキルの選び方・学び方、どのように事業を広げていけばいいのかなど、**逃げ切るための具体的な道筋が明確にご理解いただけるはずです。**

本書を読む前には不安を感じていた人でも、読んだ後は「やってみよう」「今すぐ始めよう」と気持ちが前向きになっていると思います。

本書と縁のあったみなさんが、人生を逃げ切り、家族やまわりの方とともに幸せな日々を手に入れることを願ってやみません。

やまもとりゅうけん

プロローグ

1 時間目
労働時間半分で収入を倍に! 自分の「弱み」をつかんだ順から人生逃げ切れる

2
時間目

「逃げ切る」ために必要なマインドづくり

3時間目 どう学び、どうビジネスとして発展させるか 逃げ切るための全スキル

4
時間目

副業・フリーランスの実践術

5時間目

あなたを逃げ切らせる！　人生逃げ切りコーチング

エピローグ

1 時間目

労働時間半分で収入を倍に！自分の「弱み」をつかんだ順から人生逃げ切れる

ここは、とあるセミナー会場

看板「労働時間2分の1で収入を2倍に！『人生逃げ切り』コーチング」

講師 やまもとりゅうけん先生

生徒 5人

5人のプロフィール

●Aさん 32歳・男性・契約社員

いくつかの仕事を転職してフラフラしてきたが、スキルが何もない。このあたりでちゃんと自分の軸を持ちたい。フリーランスになってお金をがっつり稼ぎたい。

●Bさん 28歳・男性・会社員

地方在住で給料が安く、上がる見込みもない。プログラミングが少しできるので、もっとしっかり学び、副業でまず月10万円を獲得したい。結婚を控えているので、しっかり稼いで家族で豊かな暮らしを満喫したい。

●Cさん　27歳・女性・会社員

広告代理店に勤めているので、そのスキルを活かして独立を希望。もともと自由な働き方にあこがれていたので、それを実現したい。自分の能力を活かして稼ぎたい。

●Dさん　22歳・男性・アルバイト

高校卒業後、就職したものの、人間関係がうまくいかず、1年で退社。以来アルバイト生活を続けてきた。何もできないし、何もうまくいかない。人生を変えたい。ずっと貧乏生活なのでお金を稼ぎたい。

●Eさん　33歳・女性・主婦

専門学校を出て2年間働いた後、結婚。主婦業をしながらパートで働いてきたが、夫がうつ病を発症して休職。家族を守るためにも自分がもっとしっかり稼ぎたいが、何もスキルがなく、どうしたらいいかわからない。

りゅうけん「みなさんこんにちは、やまもとりゅうけんです。このセミナーではみなさんの経済的不安を払しょくして人生を逃げ切ってもらうために、私の持つ逃げ切りスキルを全投入していきます！　私の思いはただひとつ、私と縁があった方、今日集まってくれたみなさんに人生を逃げ切ってほしいということです」

Bさん「人生逃げ切り……、そうなれたらどんなにいいか……」

りゅうけん「現実のものにしましょう！　このセミナーが終わるときにはみなさんが取り組みたいスキルを見つけてもらい、逃げ切りに向かって迷いなく進んでいける状態になっているはずです」

Cさん「がんばります！」

りゅうけん「まず1時間目では、みなさんの『弱み探し』をしてもらいます！」

Aさん「『弱み探し』なんて聞いたことないですけど（笑）。強み探しのまちがいじゃないですよね？」

Bさん「ビジネスで成功するためには、自分の『強み』を活かすことが大事なんじゃないですか？」

りゅうけん　「そうなんですけど、強みってね、みんな似たようなものなんですよ。営業力があるとか、プログラミングが得意だとかいっても、他の人もそれ、得意なんです。強みの部分では大した差なんかつかないんです。それより自分の弱みを知って、そこをいかに上手に回避するかのほうが一〇〇万倍重要です。人生逃げ切りたいなら、ここがめちゃめちゃ大事です」

全員　「ほ〜〜」

りゅうけん　「そもそも人は『強み』なんて見てないです。それよりも看過できないレベルの欠点を持っているかどうかのほうを気にしています。つまり強みを増やしてポイントを稼ぐより、弱みを隠して減点ポイントを減らすほうがよっぽど重要なんです」

Eさん　「私、今まで弱みを直視することから逃げていたような気がします」

りゅうけん　「わかります。みんなそうなんです。でも今こそ弱みに向き合うときです！　目の前の用紙にご自分の弱みを50、書き出してください」

Dさん　「えっ、50もですか？」

りゅうけん　「ひねり出しましょう！　具体的に書いていくのがコツです。ちなみに私の弱み50はこれです！　ホントはもっとあるけど、キリがないからここでやめておいたんです（笑）」

Cさん　『細かい作業をやっているとすぐにお酒が飲みたくなって中断する』『人が怒りそうなことでも、ついどんな反応をするか興味があって言ってしまう』……！　失礼ながらりゅうけん先生もめちゃめちゃ弱みがあるんですね」

Dさん　「でも、りゅうけん先生の弱みを見たら、なんだか安心できました！」

りゅうけん　「さあ、みんなで弱み探しの旅に出よう！」

全員　（滝汗）

WORK

あなたの弱みを50、書き出しましょう。

ポイント

- できるだけ具体的に出すこと。
- 少しぐらい重複してもOK！

大公開！　やまもとりゅうけんの弱み50

- 4人以上の飲み会で空気になる
- 同じ話を何回もしてしまう
- 忘れ物をしたと思い込んで鞄の中も調べず家に取りに帰るけど、結局大体鞄の中にある
- 友達が結果を出してるとだいぶムカつく
- どれだけ簡単な試験でも満点が取れない
- 細かい作業をやっているとすぐにお酒が飲みたくなって中断する
- Zoomミーティングは45分しか集中が続かない
- 仕事がない日は昼から日本酒を飲んでしまう

- 睡眠時間を7時間取らないと仕事で必ず1個はミスする
- 人の名前が壊滅的に覚えられない
- ゲームをやり始めて気づいたら朝
- 初めて行く場所だと電車を80%の確率で乗り間違える
- 親しい友達や恋人でもお酒が入ってないとうまくしゃべれない
- ちょっとでも失敗する可能性があると行動できない
- 自分のイメージ通りに身体が動かないのでダンスとかができない
- すぐ飽きる
- 世間のゴシップにキャッチアップするのが遅い
- 人の話がつまらないと感じたらまったく頭に入ってこない
- 自宅で作業しているとついネットサーフィンしてしまう
- 人が怒りそうなことでも、ついどんな反応をするか興味があって言ってしまう
- 会食中、ご飯がまずかったらすぐに帰りたくなる
- 他人の嫌な部分ばかり見えすぎてしまう
- 段取りができる人がいたら、その人に全部甘えてしまい、自分は何も考えなくなる

- 自分で段取りをつけると確実に予定調整ミスをおかしてしまう
- 漫画アプリで読み始めたら全巻読み終えるまで仕事が手につかない
- 楽しくなかったとき、本気で楽しくなさそうな顔をしてしまう
- みんなで脱出ゲームをすると確実に足手まといになる
- 書類整理のような単純作業でも、興味がわかないことは徹底的に覚えられない
- 人の話を聞いていると勝手に自分の妄想が広がって聞くどころじゃなくなってしまう
- 物事がちょっとでも想定通りにいかないと急激にやる気が冷めてしまう
- 他人の買い物に付き合うのが異様なほど苦痛
- 3人で歩くと後ろから付いてくる人になってしまう
- 与えられた競争に対して本気になれない
- 他人を叱ることができない
- 少人数のプロジェクトに参画すると人間関係が面倒くさくなってしまう
- 初対面の人と話が広がらない
- 会食時、相手のペース無視して爆速で食べ終わってしまう
- 自分のツイートなど投稿後も何度も見返してしまう

- アルバイトなどが担当するような単純業務を全く覚えられない
- 外国人と相対すると頭が真っ白になる
- スケジュールが全く頭に入っていない
- 積極的に話しかけられると引いてしまう
- 嘘つくと全部バレてしまう
- 異常なほどせっかち
- 少し気を抜いたら物事を楽観的に捉えすぎてしまう
- 女性の髪型の変化に全く気がつかない
- 集中すると他のことが全く見えなくなる
- うまくいっていても常に何か不安を感じてしまう
- はじめていく場所に電車で行こうとすると8割方乗り間違える
- いまだに人前で話すのが苦手

5人が出した弱み（主なもの）

Aさん

自他ともに認めるクズキャラ。言ったことをすぐ忘れる。優柔不断。

Bさん　とにかく平凡。「同じ顔が世界に100万人いる」といわれる。凝り性なのはいいが、ひとつのことに集中すると他のことが見えなくなる。人のことがやたら気になる。

Cさん　学級委員長タイプで融通が利かない。思い通りに事が進まないと当たりがキツくなる。すぐイライラする。プライドが高い。

Dさん　高卒でアルバイトしかしたことがない。何もスキルがない。今まで何ひとつやり遂げたことがない。上京したいのに怖くてできない。コミュニケーションが苦手。

Eさん　人生で2年間しか仕事をしたことがないので社会経験が不足している。自分に自信がない。細部までしっかり確認しないと気が済まないので仕事が遅い。

さあ、自分の「弱み」に目覚めよう！

まだ「強み」なんか探しているの？

弱みをコントロールすることこそが人生逃げ切りの最重要ポイントであると述べましたが、なぜそこを強調するかというと、自分の弱みがわかってなくて、**「無謀な戦いを繰り広げている人」を少なからず見かけるからです。**

当たりがキツめで好感度の低い人が営業をやっていたり、仕事が雑で事務は向いていない人が経理をしていたり……。

要は**戦う場所を間違えている**のです。そんなコスパの悪い戦いを続けても人生はいつまでたっても逃げ切れません。

「自分の弱みぐらいわかっている」とみなさんは思うかもしれないけれど、わりとぼんやりとしか認識していない人が多いのではないでしょうか。なぜなら弱みを直視するのは、誰にとっても楽しい作業ではないからです。

なぜ「あなたが入る会社」はいつも「ブラック企業」なのか

これはわりとよく聞く話ですが、「入る会社がいつもブラック企業」という人がいます。仮にHさんとしましょう。

Hさんは最初の会社で1日20時間ぐらい働かされて、ノルマがすごくて家に帰れない状態で、転職して別の会社に入ったものの、今度は上司のモラハラ・パワハラがすごくて不眠症になったとか、入る会社が全部そんなことばかり。

「俺はなんて運が悪いんだ」とHさんは嘆くのですが、実は原因は運の問題ではなくてHさん本人にあったりするわけです。

つまり、**会社を事前にしっかりリサーチする力、分析する力があれば、ブラック企**

業はかなりの確率で避けることができるはずなのです。たとえば財務諸表を取り寄せて読んでみるとか、ネットで口コミをリサーチしてみるとか。

財務諸表が読めないという場合でも、無料のネット記事などで「財務諸表の読み方」を見て勉強することもできるはずです。あるいは財務諸表のわかる人に読んでもらってもいいでしょう。

そういう地道なリサーチをしないで、「今度は大丈夫だろう」みたいな感じで見切り発車をしてしまうという、その「弱み」こそが、Hさんをブラック企業に導いてしまっているのです。

これが「石橋を叩いて渡る」という慎重派の人ならば、こういう事態にはまずならないわけです。

でもそれはHさんが自分だけでなんとかできる話ではないのです。

「事前にリサーチして慎重に行動ができない」というのはHさんの弱みであって、正直、その特性はなかなか変えることができません。

ただ、Hさんが自分の弱みを自覚していれば、人にアドバイスを求めたり、人の力を借りたりなどしてカバーできるはず。

つまり、なにが問題なのかというと、Hさんが「自分の弱みに気づいていないこと」にあるのです。

弱み探しに行き詰まったら……

弱みを50書き出そうとすると、多くの人は途中でどうしても止まってしまうと思います。自分の弱みをふわっとしか意識していなくて、きっちり分析していない場合が多いからです。

本当は弱み探しは、人材紹介業などのカウンセラーやメンターと一緒に行うのがいいのですが、行き詰まったときは友達に聞くのもいいと思います。

ただ、本当に気心の知れた、何でも言い合える仲でないと本当のことは言ってもらえないかもしれません。

「なんでも言い合える」という意味では家族が思い浮かぶかもしれませんが、家族はNGです。というのも、家族は「社会と向き合っているときのあなた」を知らないから。家族が見ているのは「家族としてのあなた」でしかないのです。

それに家族に「あなたのこういうところが弱みだよ」と言われても、私たちは素直に受け入れられないものです。

社会と接しているあなたを見てくれているのは、友達や仕事で会う人です。

それを考えるとやはり、何でも言い合える仲の友達、カウンセラー、メンターに聞くのがベストです。

弱みをつかんだ人から成功できる

自分の弱みを50書き出したときに見えてくる景色

弱みを50、書き出してみると意外なことが起こります。

それは**とんでもなくスッキリする**ということです。

それはなぜかというと、**自分が今までうまくいかなかったことが、なぜそうなのか、俯瞰できて、手に取るように整理することができる**からです。

「だからあそこで失敗したのか」

「自分がこんな仕事をやってうまくいくわけがなかったのだ」

というように。

誰しも**本当は大の苦手なのに、「別に苦手ではない」「がんばればできる」などと思**

い込んでいることがたくさんあるはずです。

そういうことを**書き出すことによって「メタ認知」（客観的に認知）できる**のです。

この自己分析ができた人は強いです。**普通はここまで自分のことを客観視できる人はいない**からです。

50の弱みを書き出せたあなたは、もう最強。今までと比べて確実に人生逃げ切れる確率が上がっています。

差がつくのは弱みの部分。自分の弱みをあぶりだせた人から勝ち残る

書き出してみるとわかると思うのですが、**「弱み」は「強み」に比べてめちゃめちゃ具体的**なのです。

強みは「協調性がある」とか、「リーダーシップがある」とか、「忍耐力がある」とか、みんないろいろあると思うけど、わりとふわっとしたものが多いのです。

逆に弱みは**「夜中の2時以降に寝ると次の日の仕事のパフォーマンスが半減する」**

弱み 発見!!
キャッ キャッ キャッ
強み
弱み
逃げろー!!
どこだー?
強み
地図
ガマン
あった!!
努力が報われる湖
よくがんばりましたね
ナデ ナデ

「細かい作業をすると集中が45分以上続かない」「人との会話が4往復以上続かない」など、どんどん具体的なシチュエーションが出てくるはずです。

具体的であればあるほど、それをしっかり認知して、対策を立てることもできるのです。

りゅうけん格言

人間、「強み」の部分では差がつかない。大きく差がつくのは「弱み」。
自分の弱みを知ってカバーできた人は最強。

「弱み」の部分で戦ってはいけない

さて、みなさん、50の弱みをあぶりだすことができましたか？

この弱みは、**あなたの変えられない部分、あるいは変えるためのコストがめちゃめちゃかかる部分**のはずです。

そうしたらもう**その部分には触らないと決めてしまいましょう。変えられない部分・変えづらい部分で戦っても仕方がないからです。コストのムダでしかない。**

たとえば、「つい他人にキツく当たってしまって仕事のトラブルが絶えない人」がいたとします。その自分の特性を理解すれば、他人となるべくコミュニケーションしないで済む仕事を選べばいいのです。本書で紹介している仕事であれば、動画編集などはおすすめです。

会社や組織に属していると、向いていない業務でもやらないといけない場合もあるでしょう。しかし副業・フリーランスの仕事であれば最初から自分で選ぶことができます。稼いで逃げ切りたいなら徹底的に弱みから逃げましょう。**ダメな部分が発揮されない場所で戦うことが逃げ切りへの最短ルート**です。

ちなみに、**強みを活かそうとするのもまたNG**です。これは先ほどから述べている「強みでは差がつかない」からというのがその理由です。

いずれにしても、成功するためには努力することは大事ですが、それ以上に大事なことがあります。それは「努力が報われる場所」を選ぶということです。いま市場にお金が流れ込んできているホットな場所で戦うこと（マーケティング）が重要です。つまり「勝てる場所で勝負する」ことが「誰よりも努力する」ことより大切なのです。手だけでなく頭も動かさないと成功には近づけないと思います。

りゅうけん格言

弱みを克服してはいけない。
人間の根本は変わらないし、変えるにはコストが高すぎる。

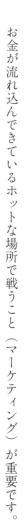

1時間目

「弱み」をつかんだらそこから逃げ出せ

持ち点を減らすな！

ちょっとここで考えてみてください。

それぞれの人に「持ち点」があるとします。

それぞれが「プログラミングがそこそこ上手にできる」「わかりやすい文章が書ける」「コミュニケーションコストが低い（＝意思の疎通がしやすい、すぐにわかってもらえる）」「仕事が早い」みたいな感じで得点を持っています。

一方で、プラスの得点ばかりではなく、「仕事が雑」「納期が遅い」「レスが遅い」みたいなマイナスポイントもそれぞれありますよね。

それらの総合点が「持ち点」です。

たとえば現状の持ち点としてXさんは8点、Yさんは10点、Zさんは6点を持っているとしましょう。

フリーランスでも副業でも同じなのですが、クライアント、つまり仕事を発注する人というのは、この「持ち点」を信用して発注してくれるわけです。

そうなると、みんなスキルアップするなどしてそれぞれの持ち点を1点でも2点でも伸ばそうと考えますよね。

もちろんそれも大事だけど、もっと重要なことがあるのです。

それは持ち点を減らさないこと。加点要素を追うよりも減点要素を減らしていくほうが絶対に得策なのです。

減点要素を減らした人から人生逃げ切れる

これは人間の心理にも関わってくる話なのですが、**発注側からすれば加点要素って「チリツモ」なんです。**つまり**ポイントが小さい**のです。

「感じが良くて頼みやすい」とか、「レスが早い」とか、「業務改善の提案をしてくれる」とか、もちろんありがたいことではあるのですが、それはもう「総合点」にチョイ足しにしかならないのです。

普段から成績が良くて、テストで90点、100点を取る人が、「今回は95点を取った」と言っても「ふーん」と聞き流されちゃいますよね。あの感じと似ています。

ところが弱みの部分、つまり**「減点要素」というのは1個でもダメージが大きい**のです。「小さなミスが多い」「レスが遅い」とか。

自分では「小さなこと」と思っていても、クライアントにすれば点数がダダ下がりになってしまうのです。ましてや「納期を守れない」なんて、大ダメージです。

それを考えたら、**「人生逃げ切り戦略」としては、まず弱みをカバーして「減点要素」を最大限にヘッジしておくこと。**それが最優先です。

その上で余裕があれば、1点、2点と加点していけばいいのです。

恋愛にも適用できる「持ち点ルール」

この「持ち点ルール」って、実は仕事だけじゃなくて恋愛や婚活にも通じるポイントなんです。

恋愛も、今自分が持っている強みをさらに伸ばすより、減点要素をできるだけ減らし、マイナスを少なくしていく努力をしたほうが絶対うまくいきます。

たとえばマッチングアプリでマッチングして「会ってみよう」という話になったとしますよね。

こういうときって事前にやり取りをして、「写真が優しそうでいい感じ」「話が合いそう」「共通の趣味があるから付き合ったら楽しそう」などといったように、**ある程度のプラスが積み重なった状態で会う**わけです。

それが実際に会ったときにどれだけ上下するかというと、実は上がることはあまりなくて、だいたいが最初の持ち点からマイナスされていく（笑）。特に女性はシビアです。

加点
加点
加点
減点
減点
減点
減点
減点
加点

「実際に会ったら写真と違っておじさんっぽかった」からマイナス20点、「笑い方がなんだか卑屈な感じがして好きじゃない」でマイナス10点、「居酒屋で相手のほうがめっちゃ多く食べて飲んだのに、きっちり割り勘にされた」でマイナス50点といった具合に、**男はあっという間に持ち点がゼロ**になる（笑）。

よく「会ってはもらえるけど、次につながらないんです」「なかなかお付き合いを始めてもらえないんです」という人がいるけれど、あれは**初回のデートの度に「持ち点がゼロ」になっている人**です（笑）。

じゃあどうすればいいかというと、**自分を見つめ直して、自分のどこが減点されていたのかを知り、そこを下げない工夫をすること**なのです。

もちろん去って行った相手は「あなたのここが悪かったから、お付き合いするのをやめました」なんて教えてくれません。でも結婚相談所のアドバイザーさんがいるならその人に相談するとか、異性の友達に単刀直入に聞いてみるといったことでリサーチが十分可能だと思います。

ここでもやっぱり「自分の弱み」を直視することが大事になってくるのです。

りゅうけん格言

弱みを直視できた人は仕事も成功するし、恋愛もうまくいく。

1時間目の重要ポイント

- 自分の「弱み」を探し出そう。自分の弱みを認めてきっちり認識しているあなたは、すでに人生を豊かにするあと一歩のところまできている。
- 人間、根本は変わらない。変えられる部分と変えられない部分を知り、自分が進むべき方向を模索すること。
- 自分の弱みの部分で戦ってはいけない。戦ってもまず勝ち目がないし、支払うコストが大きすぎる。あなたの戦う場所はそこではない。

2 時間目

「逃げ切る」ために必要なマインドづくり

りゅうけん「みなさんに自分の弱みをしっかり把握してもらったところで、2時間目は副業・フリーランスで『逃げ切るためのマインド』づくりをしていきます。

なんでマインドかというと、人生を逃げ切るためには具体的なスキルやテクニックを獲得する以前に、なによりマインドづくりが大事だと思うからなんです。これはもう、私が今まで『人生逃げ切りサロン』を主宰してきて強く確信していることですね」

Bさん「マインドってたとえばどんなことですか？」

りゅうけん「マインドと言ってもいろいろあるのですが、この時間で学ぶことは主に、

①とにかく小さな一歩を踏み出すこと
②適職・適性を捨てること
③全力でコミットすること
④あなたの進路を邪魔するマイナス要因を取り除くこと

の4つです。

中でも①が一番大事。なぜなら『副業をやってみたい、フリーランスになりたい』と思っていても、一歩を踏み出せないで終わる人がやっぱり多いからなんです」

Eさん 「耳が痛いです……。私もこれまで、このままじゃダメだ、人生を変えたいと思いつつ、何も行動できなかったので」

Dさん 「僕も何も踏み出せないまま、今日まで来ました……」

りゅうけん 「わかります。私も最初はそうでしたから。でもね、世の中で保障されていることなんかひとつもないわけですよ。たとえば今の会社員を続けて、それで一生安泰かといったらそうじゃないわけです。リストラに遭うかもしれないし、会社自体が倒産する可能性だってないとはいえない……。もちろん本書で紹介している副業やフリーランス向けのビジネスだって『100%うまくいく』という話ではもちろんありません。でも多少なりともリスクを背負って挑戦しないと何も勝ち取ることができないわけですよ。チャレンジした人が最後は逃げ切れるんです!」

Cさん 「なるほど……。でも私はいずれ独立したいと思っているのですが、今まで会社員しかやってこなかったから、フリーランスでやれるのか心配なんですよね」

りゅうけん　「そうですね、私も会社員からフリーランスになるときはいろいろ不安でした。でもちょっと考えてみてください。フリーランスになる人ってほとんどの人が会社勤めしかしてこなかった人ですよ」

Aさん　「あっはっは。そりゃそうですね」

りゅうけん　「不思議なものでね、人間、飛び込んでみれば帳尻合わせの力が働くんです。RPG（ロールプレイングゲーム）だったら、ちょっとレベル高めのダンジョンに飛び込んでみると、最初は全然ダメでも、レベルが急激に上がって、適応できるようになりますよね。ちょうどそんな感じです」

Eさん　「なるほど！　その話、刺さりますね！」

りゅうけん　「そしてその挑戦は早いほうがいい。ここにいらしているみなさんは20代から30代の半ばの方ですけど、30代の後半からは『挑戦する人』と『挑戦しない人』の差が圧倒的に広がってしまいますから。もちろん30代後半以降にチャレンジしても遅くはないですよ。でも早ければ早いほうが有利で早く逃げ切れる、これはまちがいないことです」

2時間目

「今のままで終わりたくない！」と焦るあなたへ

ピンチ＝チャンスなら、チャンス＝ピンチ!?

「人生を変えるためにはチャレンジすべき」なんて、多分みんな頭ではわかっていると思います。

でも**そこで実際に行動に移せる人は意外と少ない**のです。

「副業をやりたいけど、何をやっていいかわからない」「失敗しそうで怖い」と**新しい一歩を踏み出せない人はすごく多い**のです。

またよくあるのが「ＴｉｋＴｏｋをやるべきなんだろうけど、今はＹｏｕＴｕｂｅでそこそこ利益が出ているから」「ブログで十分稼げているから他のＳＮＳはやらなくていい」などといったように、今やっていることに安住してしまう人。ただ、**新し**

いことに移行した結果、トレンドの移り変わりの激しいフリーランス業界において、一瞬で時代に取り残される場合もあります。つまり、利益が出ているとき（チャンスに恵まれているとき）こそ、圧倒的ピンチといえるでしょう。私も、かつては第一線で活躍していたインフルエンサーが没落し、収入が10分の1になるようなケースを山ほど見てきました。

それでも私からしたら、行動しないことのほうが怖いです。**行動しないことは最大のリスク**だと思います。

すごくお金をかけるとか、大勝負に出る必要はまったくなくて、「小さな一歩」を踏み出すことが重要だと思います。

りゅうけん格言

今の時代、「行動しないこと」「現状に甘んじる」ことが最大のリスク。

不安がある人ほどチャレンジすべき

これも非常によくある相談なのですが、「20代で地方在住。月給17万円とかで将来の希望が見えない」というケース。年齢とともに給料は多少上がるにしても、その先に豊かな未来が見えてこないというのです。

こういう人はやっぱり自己肯定感も低いし、不安も大きいので、その不安に付け込まれて詐欺にみたいな投資話にひっかかってしまう人も実際にいます。

不安がある人ほど環境を変えるための一歩を踏み出すべきだと思います。**これまでの習慣と真逆のことをやれるような決断ができるのであれば、変われる可能性は必ずあります。たとえば実家を出て上京して再就職先を探すのもひとつの手**です。

また**人付き合いをガラッと変えることも有効**です。「人付き合いといっても、自分の住んでいるところは田舎だからガラリとは変えられない」という人もいるでしょうが、ネットでいくらでも人間関係はつくれます。

手前みそになってしまうけれど、「人生逃げ切りサロン」ではみなさんすごくいい関係をつくっていて、そこからビジネスも広がっていくし、人生が変わったという人も多いのです。

りゅうけん格言

不安がある人ほど挑戦すべき。
リスクを背負ってでも一歩を踏み出さないと何も変わらない。

適職・適性探しをしていたら一生逃げ切れない

「好きなこと」「適性」にこだわってはいけない理由

副業・フリーランスをやるからには、自分のやりたいことをやろう、得意なこと・好きなことにチャレンジしようと考える人は多いでしょう。

でも私は、相談に来た人たちには「適職・適性探しをいったん捨てましょう」と言います。

というのも**「やりたい仕事・適性」にこだわってしまうと、機会を逸する**可能性があるからです。

大事なのは「今、お金の流れ込んでいる仕事に合わせていくこと」、そして自分の弱みを避けた場所で戦うことです。

1時間目の「強みを活かしてはいけない」にも通ずることですが、適職にこだわってしまうと自らの可能性を狭め、機会を失ってしまいます。

少なくとも**最初のうちはとにかく窓口は目いっぱい広く開けておいて、可能性を閉ざさない。逃げ切りのためにはそこが重要**だと思います。

「あれは好みに合わない」「これは自分には条件が合わない」という好き嫌いはいったん捨てて、今ニーズの高い仕事、旬な仕事に目を向けてください。

りゅうけん格言

適職や適性などは関係ない。「旬な仕事」に照準を合わせよう。

「やりたいこと」なんかそうそう見つからない

というより、みなさんそんなに「やりたいこと・やりたい仕事」がありますか？

そもそも今思っている「やりたいこと」は、本当にあなたがやりたいことでしょうか。

私が思うに**「本当にやりたいこと」は、ある一定の条件がそろったときに初めて出てくるものです。仕事がうまく回るようになって、時間もできて、交友関係も広がって、かつ心身ともに健康という条件がそろって、やっと「これがやりたい」というのが降りてくる**のではないでしょうか。

RPGでは、ある程度までストーリーを進めないと出てこないアイテムってありますよね。あんな感じで、そのステージに至って初めてわかることってあると思うんです。

もしかしたら、今あなたは強い武器も仲間も情報もないまま、「やりたいこと」を探そうとしているのではないでしょうか。それだとやりたいことなんて見つからないか、見つかったとしてもしっくりこない可能性があります。

お金に余裕ができれば夢は後からでも叶う

14歳で起業して最高月商4000万円という売り上げをあげた、山内悠人さん（@yuto_nothing）などは、まさにこれを地で行く例だと思います。

ボフッ
適性
適職
DUST
よーし…
¥
チャリン
チャリン
チャリン
チャリン
スキル
スキル
スキル
スキル
イエス
シュバッ
ドンッ
ピョン
ピョン

彼は10代でオンラインビジネスで大成功して、高校生でタワマンに住んで、人を採用して、マーケティングやコンサルなど大きくビジネスを展開していました。

でも実はそういうビジネスは彼のやりたいことではなかったのです。

本当に彼がなりたかったのはアーティストだったのです。

今はコンサルなどを行う一方で、絵を描いたり、服をデザインして売ったりして、本当にやりたいこと、自分の好きなものだけを発信して人生を謳歌しています。

彼はビジネスをやって成功させて、さまざまな経験値を積んだからこそ、「本当にやりたいこと」が見えてきたのだと思うのです。


本当に自分の人生をかけてやりたいことがあるのなら、そこに自分が命をかけて向かうぐらいのエネルギーが必要ですよね。**何の経験も失敗もないところでそれを見つけても、そうそうモチベーションが湧いてくるものではない**のです。

目の前のことにがむしゃらに取り組んで、時には心折れて失敗もして、でもがんばってストーリーを進めたとき、初めて見えてくるものがあるはずです。

そのときこそ、心置きなくやりたいことに取り組めばいいのです。でもそれはもうちょっとゲームが進んでからの話です。

それよりもしっかりとした**スキルを磨くこと**がまず今、すべきことです。

やりたいことは、人生、逃げ切った後にいくらでもできます。

りゅうけん格言

目の前のことに全力で取り組め。
逃げ切りさえ達成すれば夢は後からいくらでも叶う。

社会を自分に合わせるのではなく、自分を社会に合わせていく

適職・適性はいったん置いておいて、今お金の流れ込んでいる仕事に合わせていくことが大事だと言いましたが、その際に心がけてほしいことがあります。

マーケティング用語で**「マーケットイン」「プロダクトアウト」**という言葉があるのですが、まさにこれが大事だと思うのです。

「マーケットイン」というのは市場が何を求めているかを調査し、市場のニーズに合致した商品を提供するという考え方です。

一方「プロダクトアウト」は、企業や人がまずつくりたい商品があって、それを市場に出していくという考え方です。

もちろん実際のマーケティングにおいては、それぞれにメリット・デメリットがあるわけですが、フリーランス・副業の仕事選びについては「マーケットイン」一択です。

つまり社会のニーズに自分を合わせていくのです。ニーズのないところで戦っても誰も気づいてくれないし、売り上げも立たないからです。

マーケットインで「仕事」も「モテ」も両方手に入る

ところが世間には「マーケットイン」ではなく、「プロダクトアウト」タイプの人

バサッ
バサッ
COMPANY
フン
バサッ
バサッ
COMPANY
バサッ
バサッ
COMPANY

が多いのが実情です。

私の会社ではＩＴエンジニアなどの人材紹介業も行っています。人材紹介は求職者と求人企業をマッチングさせる仕事ですから、まずは求職者の話を聞くのですが、「この条件でないとダメだから」「自分は〇〇だから」みたいな感じで、硬直的な条件を挙げてくる人がかなり多いのです。

最初から自分を規定して「〇〇でないとダメ」的な思考をしてしまうと、どん詰まりになる確率が高くなってしまいます。

「その会社に合わせてやってみる」という柔軟性が大事なのです。

実際の仕事の場においても、この考え方はとても重要になってきます。

営業ひとつとっても、「こういう商品やサービスをあなたに売りたいんです。私の商品はめっちゃいいんです！」と力説しても、そこにニーズがなければ単に空回りに終わってしまいますよね。

それより「あなたは何を求めていますか？」というヒアリングから入って、「あなたの求めているこれに対してこういう商品を提供できます」「あなたの困りごとをこういうサービスで解決します」と持っていける人が、売れる人・生き残る人です。

ちなみに、この**マーケットインができる人は恋愛においてもモテます。**

ちゃんと相手のことを考えて、相手のために自分を変えられる柔軟性を持った人がモテるんです。

「俺はこういうやつだからよろしく！」みたいに、相手を自分に合わせようとする頑固さのある人はモテません。

そして**モテる人は仕事ができる人**です。でも逆はナシです。つまり稼げる人がモテるとは限りません（笑）。

「マーケットイン」で仕事の成功もモテも両方手に入れてください。

りゅうけん格言

「マーケットイン」で恋愛も仕事もうまくいく。

成功したいなら「全力」でコミットしていく

逃げ切るためには目の前のことに全リソースを注ぎ込め

世の中には「短期間でお金持ちになれる」「ラクをして稼げる」みたいな甘言が飛び交っているけど、仕事はそんな簡単なものではありません。

人生、逃げ切りたいならちゃんとスキルを身につけて、全力で勝ちに行く覚悟が必要です。 **自分の弱みを避けた場所で必死になって戦っていれば、必ずチャンスはつかめます。**

私も経営者仲間で集まって会食なんかするときは、**全員が常にスマホをいじっています。**

別にその場が死ぬほど盛り下がってるとか、話がつまらないとかじゃないですよ（笑）。話をしながら、食事をしながらも、**みんな常に仕事をしている**のです。だから「ちょっとごめん、電話してくる」と言って食事中に席を外すこととかも普通にあります。

もちろん仲間内だけのことですよ。お互いに忙しいのがわかっていて許容し合っているから誰もマナー違反だとか気にしていません。

個室トイレは副業の戦場

私が会社員をやりながら副業を始めたときは、**職場で1時間半に一度ぐらいトイレ休憩に行って、トイレの個室にこもってめっちゃ副業していました**（笑）。クライアントや外注先へのレスポンスや指示出しから、SNS発信まで、10分間で集中してやるのです。

この**「トイレの個室活用」は私だけではありません。副業で生計を立てられるレベ**

ルまで成功している人はみんなやっています。

「個室トイレは副業の戦場」という名言（?）も生み出しました。

もちろんそうやって副業で成功できる人は、本業のパフォーマンスも絶対に落とさずにやる人です。

りゅうけん格言

個室トイレは副業の戦場。

「時間がない」では生活を変えられない

新しいスキルを身につけるにしても、副業を始めるにしても**「時間がないからできない」**という人は多くいます。

でもそれは本当に時間がないのではなくて、使い方の問題であることが多いのです。

先日も「すごくがんばっているのに全然結果が出ない」という人がいたのですが、

「毎日どのぐらいやってますか？」と聞くと、「1時間ぐらい」というわけです。

これでは結果が出るはずがないんです。

よくよく聞いてみると、「ゲームをしていて」「飲み会があって」「趣味にかける時間が多くて」とか、**やたらとイベントが多い**のです。

もちろん趣味やゲームに時間を使ってもいいんだけど、その生活スタイルを変えていかないといけないのです。

私も副業をやっていたときは、「あー今日は全然できなかった」という日もありました。でもそういう日であっても、3～4時間かけてブログ記事を2、3本は書いてネットにあげていました。本業とは別にそれくらいやっていたのです。

人生逃げ切りたいなら、生活を変える覚悟と高い基準値に身を置くことが必須なのです。

あなたの成功を阻む「他人の反対意見」

「彼女ブロック」という落とし穴

すでに述べたように、うちの会社ではＩＴエンジニアなどの人材紹介業もやっているのですが、そこで**地方在住の人からよく受けるのが「上京して就職したい」という相談**です。

エンジニアの場合、やっぱり**東京のほうが圧倒的に仕事が多いし、高収入が期待できます。**ですから「上京したほうがいいですか？」と聞かれたら、それはもう絶対におすすめします。スキルがあるのなら、一番いい環境で活かしたほうがいいですよね。

もちろん東京は家賃が高いし、物価もちょっと高いけれど、それ以上に収入も上がるし、そこでの経験は一生モノです。

ところがそのときは「わかりました」「上京します」と言うのだけど、あとから「やっぱり地元を離れるのは無理です」と言いだす人が少なくありません。

よく聞いてみると**「実は彼女が反対していて」というパターンがすごく多い**のです。東京で働くメリットより彼女を優先してしまうのです。

結婚していて、子どもがいて学校に通っていて……というなら、上京を躊躇《ちゅうちょ》するのはまだわかるのです。でも結婚してなくて、**彼女に反対されたという理由で悩むのは私にとっては少々理解しがたい話**です。

そういう人に私がいつも問うのは、**「その彼女はあなたの人生、責任を負ってくれるんですか」**ということです。

そこを理性的に考えれば上京するかどうか、答えは明白なはずです。

案の定というべきか、そういう人は1年後とかに「彼女と別れたのでまた相談したいです」とやってきたりするわけです。もしその1年前にスタートできていたら、キャリアは大きく違っていたかもしれません。

結局、**彼女が反対するというのは、その彼女のわがまま**なわけです。彼氏が上京してしまったら自分が寂しいから行かないでくれ……というエゴですよね。
本当に彼氏を応援したいなら、彼氏の夢を応援するのではないでしょうか。

人に反対されてあきらめた人は必ず後悔する

上京の話に限らず、**副業を始めるとか、フリーランスになるとき、まわりの人に反対されるケースってすごく多い**のです。**特にフリーランスになるなんて言ったら、彼女、奥さん、親も一丸となって反対してきます。**

私もフリーランスになるときは妻にめちゃめちゃ反対されました。それ以外にも、転職も副業もやることなすこと、全部反対でした。もちろん私のことを心配してくれてのことなのですが、この反対を押し切るのはかなりキツかったです。

なぜまわりの人は反対するかといったら、「反対しておいたらとりあえず無難」だからなんです。

反対しておけば、本人が失敗したときに「ほら、言ったでしょう」と言えます。逆に成功したら「逆境をよく乗り越えた」みたいな言い方ができるのです。

要は反対さえしておけば、どっちのポジションにもいけるわけです。

もちろんこれは付き合う人が違えば、また話は変わってくると思います。挑戦に対して肯定的な人、たとえば経営者とかプロアスリートとか、そういう人たちであれば、「それはいいね」と背中を押してくれる可能性がすごく高いです。その場合は相談することでモチベーションも大いに上がるはずです。

でも**「普通の人たち」はマイナス意見になることのほうが圧倒的に多い**のです。

本当にやりたいことは自分だけが知っている

副業を始めるにしてもフリーランスになるにしても、新しいことに挑戦するのは誰だって大変だし、億劫《おっくう》なものです。そこをまわりに反対されたら、思わずそっちに乗っかりたくなるものです。

少し考えてみてください。

誰でも、毎日会社に行くのだって、いろいろなブロックがあると思うのです。

今日は身体がだるいから会社に行きたくないとか、パワハラ気味な上司の顔を思い浮かべると一気にやる気が消滅するとか。

だけど「仕事をしないと食べていけない」「自分が休むとみんなが困る」という判断があるから、そのブロックを乗り越えて会社に行くわけですよね。

そこでは**メリットとデメリットを考え合わせて冷静に判断している**から、「行きたくない」という感情をちゃんとコントロールできているわけです。

副業や独立など、不安を抱えて新しい世界に飛び込まなければいけないときは、人間、どうしてもメリットとデメリットを冷静に判断できないのです。

感情ではなく理性で考える

しかし私の見る限り、**まわりの人に反対されてあきらめた人は必ず後悔します。彼女ブロック、嫁ブロック、親ブロック、いろいろなブロックがあるけれど、その意見は本当にあなたにとって有益なものでしょうか。**

考えてほしいのは、**人の反対意見を聞いていたら本当のことを見失う**ということです。人の意見ではなく自分はどうしたいのか、**そこで出た答えが重要**です。

「やっぱりやりたい」という答えが出たのなら、メリットとデメリットを冷静に考えてみてください。感情ではなく左脳で処理してください。

「いろいろ面倒」「新しいことをやるのは不安」というのは感情に過ぎません。自分の感情を認識して、それを**左脳で冷静にコントロールすることが大事**です。

りゅうけん格言

人の反対意見を聞いていたら本当のことを見失う。

結果さえ出せば すべてを取り戻せる

「人に相談」してはいけない理由

私の場合は、**人生の大きな選択をするときは家族や友達に相談しません。**相談するとほぼ反対されてブロックがかかるのがわかっているし、**「人に反対されるとビビってしまって前に進めない」という自分の弱みをよく理解しているから**です。**だったらもう最初から相談しない。家族には事後報告です。**

「それはりゅうけんさんが自分の選択に自信があるからでしょう」と言われるけど、そうじゃないんです。

私だって新しい挑戦をするときは不安になることもあるし、失敗はしたくありません。でも自分の経験則では、やって失敗するよりも、やらずに終わったほうが後悔します。

というか、そこで**たとえ失敗したとしても、たいていのことは「スクラップ&ビルド」であとから取り戻せる**ものです。

ネットワークビジネスで崩れた人間関係さえ修復できた

たとえば私がネットワークビジネスをやったとき、それまでの人間関係が大崩壊してしまいました。

でも**新しい人間関係なんていくらでもつくれる**のです。なんといっても世界に80億人もいるわけですから（笑）。

それになんなら崩壊してしまった人間関係だって、時間が経過すればまた修復できたりします。

事実、ネットワークビジネスのときに離れた友人が、私をSNSで見つけてまた連絡を取ってきて、関係が復活したこともあります。

その人は当時、「あいつはマルチなんかやってるから関わらないほうがいい」と私のうわさをまわりに広めまくっていました。でも再会したときに「あのときは子どもみたいなこと言って悪かったな」と謝ってくれました。私も「いやいや、自分のほうこそ迷惑かけてごめんなさい」と謝り、お互い、わだかまりが消えました。

だから人生で失敗したって、たいていのことは後から取り戻せるのです。それを考えれば、**挑戦するのはちっとも怖くありません。**

結果を出せばまわりの態度が変わる

私がフリーランスになった当初、妻の両親からの当たりはそりゃもうキツかったです（笑）。詳しくは後ほど述べますが、借金400万円に加えて奨学金の借入金が400万円もあって、その挙げ句、**会社を辞めて、なんだかわけのわからないフリーランスだとか言われても、「この男は大丈夫なのか」と不安でしかなかったこと**でしょう。

しかし、事業が軌道に乗り、収入が上がると、私に対する対応が変わり、急に優しくなりました。

以前は妻の実家に行くのがイヤでした。行っても緊張してきちんと座っている感じでした。

それが今では自分の実家のようにリラックスして、寝っ転がったり、お酒も勝手に飲んだりします。

つまり結果さえ出せばまわりも納得してくれるのです。

2時間目の重要ポイント

- 現状に甘んじていないで挑戦しよう。怖くてもリスクがあっても一歩を踏み出した人だけが成功を手にすることができる。
- 好きなこと、適職にこだわっていると大事なものを見失う。ニーズのあるところ、お金の流れてくるところに飛び込むべき。
●逃げ切れば夢は後からいくらでも叶う。
●「他人の反対意見」はあなたの成功の邪魔にしかならない。

課外授業

崖っぷちから人生を逃げ切るまで

ダメな自分をきっちり自覚していた学生時代

●子どもの頃からわかっていた自分の「ダメっぷり」

私は子どもの頃から、**自分の「弱み」をわりとよく理解していたし、それが人よりもめっちゃ多い**こともわかっていました。

1時間目でやった50の弱みを書き出すワーク、あれって多くの人が20ぐらいで止まってしまうのです。でも**私は書き始めたら次々あふれて止まらない**（笑）。自慢じゃないけど、これほど自分の弱みを知り尽くしている人もいないでしょう。

とにかく小学校の頃から「俺って全然ダメなやつだな」という思いがすごくありました。

忘れ物もめちゃめちゃ多いし、足は遅いし、コミュ力がなくて陰キャ。自分が興味のあることだけしかやれない。すぐ過集中状態になりまわりの話が聞けない。今でいうASD（自閉スペクトラム症）の要素がすごく強かったから、落ち着きがないし、興味のないことにはまったく集中できない。

とはいえ、なまじ勉強はできたから、その部分ではそこそこの自己肯定はできました。自己評価が急激に下がって上がって……、乱高下しているような状態でした。

●どんなにがんばっても100点が取れない優等生

成績が良かったといったけれど、不思議なことに**絶対に100点が取れない**のです。必ず細かい、ヘンなところでミスって97点とかになるんです。

先生にも「やまもと君は十分な学力があるのに、なんでいつも100点が取れないの？」と不思議がられていました。自分でも必死に時間ギリギリまで一問一問見返してがんばってみるのだけど、それでも絶対どこかでケアレスミスをしてしまうのです。

このとき悟りました。**これだけはどれだけ努力しても「自分の変えられない部分」なんだと。**

もちろん、人間には無限の可能性があると考えれば、そこで「ケアレスミスをなくす」ということに向かって全精力を傾けて決死の努力をすれば、もしかしたら変えることができたかもしれません。

でもそこを変えるためにコストがどれだけかかるのかという話です。

「偏差値50」を「60」に上げるのは別に簡単だけど、「70」、「80」に上げるのってめちゃめちゃ難しいんです。かかる労力が格段に違います。

私の「97点」を「100点」に持っていくのはかかるコストが高すぎる。取り組んだところで、結果が出るとは限らない。「必死にがんばったけど、どうやっても100点にはできなかった」で終わるかもしれないわけです。というか、その可能性が高いです。

だったら、97点を100点にするための努力など捨てて、その時間を他の勉強に使ったほうがいいですよね。

要するに「コスト意識」の問題なのです。

このとき、**「なるほど自分はダメな部分がいっぱいある人間だけど、下手にダメな部分を変えていくのではなく、ダメな部分をうまくカバーすればやっていけるんじゃ**

ないか」という意識が芽生えた気がします。

「コミュ力のなさ」をカバーする方法

●コミュ力がない自分がどうやってアカペラをやるか

大学生になったときの話です。入学してすぐに「アカペラサークル」に入りました。歌うことが好きなんです。

ただアカペラって、5人とか6人とかでチームを組んで、かなり密になって練習をしないといけないわけです。

私はコミュ力が低く、特に「4人以上の飲み会で空気」になってしまうタイプ（P41参照）。そのサークルの人間関係も正直言って苦手というか、面倒くさくなってしまって、徐々に足が向かなくなってしまいました。

でも音楽は好きだし、アカペラはやりたいんです（笑）。

そこで考えました。

「コミュ力がない」という自分の弱みをどうにかカバーしてアカペラをやる方法はないかと……。

そこで思いついたのが「ニコニコ動画」での配信です。ニコニコ動画は当時、ちょうど流行り始めた頃でした。

早速自分の声を何度も重ねて録音してハモって、それを配信してみました。

そうしたらいきなり数千人の人が見てくれたのです。これは驚きでした。

アカペラサークルではライブを開催しても、来てくれるのはせいぜい50人とかで、それも身内とか友達ばっかり。それも「頼むから来てくれ」みたいに一生懸命頼んで、やっと来てもらうわけです。

でもネットで配信すれば、そんな煩わしい人間関係がありません。しかも聴いてくれる人の「桁」が違うのです。自分にとって最適の場所を見つけることができたと思いました。

自分の「弱み」を自覚して活かしたことが良い結果を生み出したのです。

●コミュ力がなくても合コンでモテた理由

大学時代と言えば、私も人並みに合コンに行っていたのですが、最初はもう連敗につぐ連敗でした。要は全然モテない！

もともと人見知りでコミュ力がないのに、無理して盛り上げようとして、それがことごとく空回りしていたのです。「何この人、カッコつけちゃって」「必死にがんばっている痛い人」と思われてしまったんだと思います。

だから**本当は私みたいな人見知りは合コンなんて場で戦ってはいけないんだけど、やっぱりモテたいし、合コンはしたいんです**（笑）。

そこで弱みをカバーすべく、戦術を考えました。

まず無理に話の輪の中心に入ろうとしないこと。そういうのは話術のあるやつに任せて、**自分は場を回す役に徹する**ことにしました。

ちょっと話が途絶えたときに話しやすそうな話題を提供したり、あんまり発言しない女の子に「どう思う？」と話を振ったりと、**いわゆる「ファシリテーター（進行役）」みたいな役に回った**のです。

あと要所要所でウイットに富んだことを言うとか、女の子がいじられすぎてちょっとヤバそうな雰囲気になっていたら「そのへんでやめといたろ～」みたいな感じでいなすとか、自分なりの持ち味でポジションを取っていきました。

これで少しずつ合コンの場でイケる感じになることができました。

人見知りの人、話題の中心になれない人は「ファシリテーター作戦」、おすすめです。

●超優秀な先輩に度肝を抜かれた大学生時代

そうこうするうちに大学も3年生になって就活が始まりました。

ところが時代はリーマンショックの直後。いきなり就職氷河期で、うちの大学でも就職にはみんなめちゃめちゃ苦労していました。

そんなときに**私に衝撃を与えた人物が登場**しました。

先輩なのですが、北野唯我さんという人です。この方は博報堂からボストンコンサルティンググループを経て、今は「ワンキャリア」の取締役をされています。本も何冊も出されているし、メディアにもよく取り上げられている方です。

この北野さんがもう、学生時代からめちゃめちゃ優秀で、意識も高い人だったのです。

私は北野さんを見るなり、**「こんな人がライバルだったら、自分なんかが勝てるわけがない」**と唖然としました。

私は文系だったから、就活もまわりの人と同じように、営業とかマーケティングなどの職種を漠然と考えていたのですが、あんな優秀な人がいるならば、自分は真っ向勝負をしたら絶対ダメだと思いました。

●「私の勝てるジャンル」を探す

そこで私はまた考えました。じゃあ自分が勝負できるとしたら、それはどこなんだろう……。

そもそも私には文系に求められるコミュ力が全然足りません。

それなら**文系のスキルに、なにかもうひとつの専門的なスキルがあったらイケるかもしれない**と考えました。「2軸の複合スキル」なら勝負できるんじゃないかと。

そこでプログラミングの勉強を始めて、**「文系なのにエンジニアのスキルあります」**

というところで勝負をしたのです。

おかげで就職氷河期の中でも面接には落ちることなく、**最終的には希望していた一部上場の会社に入社することができました。**

これも**「弱みを自覚してそこで勝負をしない」鉄則を守った**からの成果だと思っています。

「戦う場所」を変えれば「ダメな私」でも勝てる

●「しゃべれる技術屋さん」というポジショニング

実際に会社に入っても「文系のエンジニア」というポジションがうまくはまって、いい感じで仕事をこなすことができました。

というのも、エンジニアって理系出身者がほとんどで、総じてそんなにコミュ力の高い人がいない……というか、言ってしまえば「陰キャ」の人が多いわけです。

そんな中で私は**文系としてはコミュ力は低かったけれど、理系の中に交じればそこ**

そこしゃべれてコミュニケーションを取ることができたわけです。

ダメな私でも「戦う場所」を変えることで勝つことができたのです。


とはいえ、エンジニアが自分の性質に向いているかというと、決してそんなことはありませんでした。


新卒で入った会社から1回転職したのですが、そこではエンジニアはエンジニアでも「インフラエンジニア」の仕事も任されるようになりました。

インフラエンジニアはネットワークを管理する仕事で非常に重要なポジションです。

それだけに、ちょっとしたミスが致命的なダメージを及ぼしてしまうのです。

だから私のような注意力が著しく欠けた人間は本当はこの仕事をやってはいけないのです。それでも**それなりに努力して「普通レベル」にまで引き上げて、なんとか回していました。**

● うっかりミスの多い私の最善の働き方

でも一度、大失敗をしたことがあります。

人の仕事を引き継いでやったときに、あるミスをしてしまったのです。そのミスが命取り。サーバーが落ちて、「全フロア業務停止」という、とんでもない事態になってしまいました。

結局、始末書を書くこととなり、自分のミスももちろん反省したけれど、このときつくづく思ったのは**「会社員のように責任が重い仕事は自分には向かない」**ということでした。

ちょっと話がそれるようですが、会社員とフリーランスでは、どちらが責任が重いと思いますか？　**一般的にはフリーランスのほうが責任が重いと思われがちですが、私の経験上、それは逆です。**

会社員は仕事でミスをすると、クライアントだけでなく、同じ部署の上司や同僚、部下にも迷惑が及んでしまいます。**会社の規模が大きければ大きいほど、利害関係者も多くなるわけで、責任もより重大になります。**株式会社だったら、株価にまで悪影響を及ぼす可能性もあるわけです。

それを考えれば、**フリーランスはクライアントに対してだけ責任を負えばいいわけ**

ですから話が早いし、ある意味で気がラクです。

少なくとも私のように、うっかりミスの多い人間にとっては、自分の責任の範囲ができるだけ小さい仕事のほうがいいと、このとき思い知りました。フリーランスに転身した理由のひとつはこれです。

今は会社を運営していますが、従業員は妻を含めて3人だけです。責任の及ぶ範囲を大きくしたくないからです。できるだけ小さな組織体制で、どうやったら事業を最大化していけるかを考えています。

これも自分の「ダメな部分」と対峙した結果といえます。

人生最大のピンチ！ 大借金を背負う

●ネットワークビジネスで大失敗！

とまあ、ここまでは自分の弱みをちゃんと見つめて、それをうまくカバーする感じでやってこられた私ですが、この後**とんでもない大失敗をしでかします。**

私が社会人になるちょっと前ぐらいから、「意識高い系ブーム」みたいなのが来ていて、「自分を変えよう、弱みを克服しよう」「変わらなければ成功はつかめない」みたいな風潮が世の中にありました。

そうなると私もなんとなく不安になってしまい、**「やっぱりこんなにダメだらけな自分ではいけないのかもしれない」と思ってしまった**のです。

そこに来たのがネットワークビジネスの勧誘でした。誘ってきたのは大学の先輩なんですが、彼はめちゃくちゃ優秀な人で、超一流企業に入社して3年目ぐらいで、すでにトップセールスマンになっていました。

その人のことをすごく尊敬していたこともあり、あまり深く考えずに始めてしまったのです。

ネットワークビジネスは商品の良さを人から人に口コミで伝える方法です。だから自分のコミュニティをつくって、その中で非常に密な付き合い方をしていくことが必須となります。

トップリーダーになるような人は、カリスマ性があるだけではなくて、自分の組織の人のことを実によく理解し、一人一人に親身になって寄り添うことができるのです。
もうおわかりかもしれませんが、**私の元々の気質と真逆**です（笑）。
でも、このときはもう無理に自分を変えようと思って、自分なりに一生懸命グループの人とコミュニケーションを取っていました。

ところがあるとき、グループの人に囲まれて「りゅうけんさんは僕らのことをあまり考えてくれない」「りゅうけんさんとちっとも仲良くなれていない気がする」と言われてしまったのです。

結局バレていたのです。
このときに「やっぱり自分にはネットワークビジネスは向いていない。これは自分の仕事ではない」「自分の弱みを変えるなんて無理だったんだ」と痛感しました。

自分の弱みの部分で戦って勝てるわけがなかったのです。
わかっていたことなのに、なんでやってしまったのかと後悔したけれど、逆に言えば**「やっぱり弱みを克服したり、その部分で戦ったりしてはダメだ」と今度こそ腑に落ちました。**

そしてネットワークビジネスからはきっぱり足を洗いました。

でもこのときすでに借金が400万円以上に膨れ上がっていたのでした。

さらにいえば学生時代に奨学金を400万円借りていたので、それを合わせれば**合計800万円の負債を抱えてしまうことになった**のです。

●「借金」を背負うと開き直れる

ちなみになぜ400万円の借金を背負ってしまったのかというと、それこそがネットワークビジネスの仕組みの恐ろしさなのです。

ネットワークビジネスというのは月締めで点数が出るわけです。その点数はその月にいくら売ったかで決まって、売り上げが200万円だとしたら150万ポイントが貯まるとか、そういう感じです。

毎月一定数のポイントを稼がないとタイトル（自分のポジション）を達成できないのです。

もちろん必ずしもタイトルを達成できなくてもいいのですが、そこは「集団心理」みたいなのが働いて、「タイトルを達成できない人は怠け者だ」「他の人はできているのに売り上げが足りないのは恥ずかしいことだ」みたいな圧がすごいわけです。

そうでなくても自分が達成できなかったらグループの人たちにも示しがつきません。**だから借金してでも自分で商品を買ってしまう**のです。

やめたときは家に空気清浄機が10台ぐらいありました。**ワンルームなのにこんなに空気をきれいにしてどうするねん**みたいな（笑）。

このときはもう地獄の中の地獄でした。お金を返すためにいろんな消費者金融から借りて多重債務者になっていました。そうするともう利息を払うだけで精いっぱいで、**返しても返しても元金が全然減らない。**このままの生活ではいずれ破綻するのが目に見えていました。

でもこのとき、**「これはもうやるしかない」**と逆に決意が固まりました。こうして私は会社を辞めてエンジニアとして独立することになったのです。

もちろん、フリーランスは「雇用が保障されない」というリスクがあるわけですが、借金400万円を抱えていると、もう雇用保障される・されないなんてどうでもいいんですよね（笑）。リスク許容度がもう上がり切っちゃっていて、フリーランスになる不安はまったくありませんでした。

でも逆に考えれば、ネットワークビジネスにハマって痛い目に遭わなければ、フリーランスにはならなかったかもしれないし、その後、「人生逃げ切りサロン」を開くこともなかったかもしれません。その意味ではいい経験になりました。

●ネットワークビジネスは今の時代にもう合わない

ちなみに、ネットワークビジネスをすすめる人は、「不労所得が得られる」「副業として最適」などと言って誘ってきますが、身をもって経験した私から言わせてもらえば、とにかくおすすめできません。

ネットワークビジネスで人を勧誘して組織をつくっていくのって本当に大変です。世の中、「営業」なんてやりたくないという人が大半で、そこを突破していかないといけないからです。

どう突破するかというと、もう半分洗脳のようにして、「お前ならできる!」「お前は変われる!」と教育していかないといけないのです。もう誰かれ構わず、たとえば私のような著しくコミュ力がない人間に対してもそれをやるのです。

今まで述べてきたことの繰り返しになってしまうけれど、そんなのはコストが高すぎるし、やったところで大した結果が出せないわけです。

もちろん世の中にはめちゃめちゃカリスマ性があって、コミュ力が高くてネットワークビジネスに向いているという人もいます。

でもだいたいの人はそうじゃないですよね。それならば無理にコストの高いネットワークビジネスをやる意味はないと思います。

そもそもネットワークビジネス自体が今の時代に合っていません。

ひと昔前は初期費用のかからない副業ってネットワークビジネスぐらいしかなかったわけです。でも**今はネットを使った副業の選択肢がいっぱいある時代**です。**もっといいビジネスがいくらでもある**のです。

その中であえて難易度最強レベルのネットワークビジネスを選ぶ意味があるとは思えません。

大借金生活から奇跡のV字回復

●借金400万円をあっという間に完済できた理由

ネットワークビジネスをやめて400万円の借金を抱え、崖っぷちの状態でフリーランスになった私でしたが、**フリーランスのエンジニアになったとたん、いきなり月収が会社員時代の3倍ほどになりました。**

もともと自分にはプログラミングのスキルがあったし、そうそう食いっぱぐれることもないだろうという自信はありました。でも正直、これほど収入が上がるとは思ってなくて、驚きました。

そして大きかったのは**ストレスもフリーになった**こと。

ネットワークビジネスの世界では、他のことはやるな、このビジネスだけにフルコミットしろみたいな空気感があって、他のビジネスに手を出しづらいんです。それも洗脳的な教育のひとつなんですね。

でもその制約がなくなって、自分の苦手なことは一切やらなくてよくなったわけです。これは本当に気持ちがラクになり、自分のやるべきことに集中することができました。

●ブログで月500万円を売り上げる

フリーランスになって仕事がちょっと落ち着いたころ、エンジニア以外にも収入の柱をつくりたいなと思って、ブログを書き始めました。

ところが当時はブログの全盛期で、エンジニアのブログもたくさんあったんですね。その中で一定のポジションを取るのは至難の業のように思えました。

でもエンジニアのブログってだいたいが技術系の小難しい話で埋め尽くされているのです。

そこで私は難しい話は一切しないで、「フリーランスエンジニアはこんな働き方ができる」「どのぐらいの収入が得られる」「こんな生活をしている」といったライフハックに焦点を絞ったのです。その領域で発信している人はあまりいなかったから、完全にブルーオーシャンでした。

昼からお酒が飲めるとか、週休3日とか4日でOKとか、「フリーランスって最高！」「こんないい働き方は他にない」みたいな発信を続けていたところ、**あっという間に認知が取れ、フォロワーが急増**しました。

結果的にブログの売り上げは最高で月額500万円にも達しました。マジで「**毎月がボーナスじゃないか**」と思ってしまったほどです。

エンジニアとしての仕事が順調だったこともあり、**借金は一瞬で完済**できました。恐る恐る足を踏み入れた世界だけど、正直、「**フリーランスって儲かるんだ**」と拍子**抜け**する思いでした。

●人生逃げ切りサロンを開設！

その後はエンジニア関連の発信を徐々に減らし、副業やフリーランス向けのビジネスの紹介やマインドなどに内容をシフトしていきました。

すると、「**エンジニア関連でそこそこ名の知れた人**」から「**Webビジネス関連でそこそこ名の知れた人**」**という認知のされ方**をするようになりました。

そうなるとみんなから「オンラインサロンをやってほしい」という要請を受けるようになりました。当時、オンラインサロンが流行り出した頃で、みんなで集える場所が欲しいという人がいっぱいいたのです。

オンラインサロンも、コミュニティを運営するという意味では結局、人付き合いです。自分の弱みには二度と触れたくないと思っていたから悩みました。

そんなとき気づいたのは、オンラインサロンに集まる人は私のことをよく知っていて、私に好感を持ってくれている人たちだということです。**私の価値観をわかってくれる理解者であれば、みんなとコミュニティをつくるのもいいんじゃないか**と思えました。

ネットワークビジネスでは自分とは全く異なる価値観の人、私のことなど好きでも何でもない人を説得して商品を買ってもらわなくてはならなかったけど、それとは全然違うわけです。

自分のオンラインサロンなら、コミュ力がないという弱みは隠せるし、自分が歯に衣着せない物言いをしてしまうところもＳＮＳと親和性があると思いました。

そこで思い切って**「人生逃げ切りサロン」を開設。**すると自分でもびっくりするほど一気に伸びていきました。

おもしろいもので、私がコミュニケーションが苦手で細かい気配りができないタイプだとわかると、逆にメンバーがしっかりして、伸びていってくれるのです（笑）。

そうやってコミュニティが広がっていく中で、プログラミングができる人とか動画編集ができる人とか物販ができる人とか、デザインができる人みたいな人材がどんどん集まってきました。

当時のオンラインサロンは単一の専門性にフォーカスしたものがほとんどでした。「ブログで収益化する方法を教えます」とか「スタートアップの起業家集まれ」みたいな。

そういうものとは一線を画し、**副業・フリーランスに特化して必要なスキルを全部詰め込んだサロン**があったら、マスに訴えることができて大きなコミュニティになると思いつきました。

そこでさまざまな教育コンテンツを立てて、サロンのメンバーからプログラミングの講師をやってくれる人、動画編集の講師をやってくれる人などを選出しました。

彼らはスキルをしっかり教えてくれるのはもちろんですが、ホスピタリティもしっかりあって、コミュニティをうまく回してくれました。私はもう旗を振るだけでした。

この後、「人生逃げ切りサロン」は会員数5000人を超える、規模・実績共にNo.1のビジネスオンラインサロンに成長しました。

これも**自分の弱みの部分を知り、そこをしっかり回避できたことが成功の理由**だと思っています。

要は私の人生は**「ダメなやつ」であることを認め、自分の弱みをコントロールした**、この2点に集約されるのです。

3
時間目

どう学び、どうビジネスとして発展させるか逃げ切るための全スキル

りゅうけん　「では、ここからはいよいよ副業・フリーランスを始めるための実践論に入っていきますね。
みなさんは一からスキルを身につけようとするなら、何を選びますか？
自分にもできそうなもの？　それとも難易度の高いものに挑戦しますか？」

Aさん　「自分は会社員をやりながらなので、簡単にできるものがいいで～す！」

Eさん　「私も主婦で、家事や育児のスキマ時間を活用して習いたいので、難しいのはちょっとキツイですね……」

Bさん　「私は難易度の高いものに挑戦して、すぐにあきらめて簡単路線に落ちそう」

りゅうけん　「なるほど、みなさんの答えがまさに世間の答えと一致してるんです。世間一般では『こんな私にもできそう』が断然好まれるんです。
でもちょっと考えてみてください。『こんな私にもできそう』なスキルで、事業を伸ばし、売り上げを立てることができますか？」

全員　「あ～～」

りゅうけん「簡単に身につくスキルは簡単に他の人も身につけられるし、場合によっては機械やAIに代替されてしまいます。その中で勝つのはちょっと難しいですよね」

Dさん「そうですね、全然勝てる気がしないです……」

りゅうけん「だからここはもう思い切って難易度の高いスキルを習得してほしいんです。少し背伸びしてでもハイレベルのスキルを追ってみてください。自分の市場価値を高めれば高めるほど、逃げ切りに近づけるわけですから」

Cさん「なるほど！　他の人は『簡単に稼げる、誰でも稼げる』と言うけれど、りゅうけん先生の言うことって真逆ですね」

りゅうけん「それは私が本当のことしか言わないから（笑）。でも高いスキルはいったん身につけてしまえば、その後うまくいく確率がガゼン、上がります。この時間では副業・フリーランスに向くビジネススキルを紹介し、みなさんが人生を逃げ切るためにどんなスキルを習得すべきか、決めてもらいます」

副業・フリーランス向けの「逃げ切りスキル」を一挙紹介！

副業・フリーランス向けのビジネススキルとひと口に言っても、非常に幅が広く、さまざまなものがありますが、ここでご紹介するのは次の要件を満たしたものです。

- **スキルゼロから始められるもの**
- **スキルの習得に高額の費用がかからないもの**
- **現段階で確実にニーズがあり、将来性があるもの**

いずれも人生を逃げ切るために、イチオシでおすすめできるものです。もちろん「人生逃げ切りサロン」でも大人気の講座ばかりです。

それぞれのビジネススキルについて、「人生逃げ切りサロン」の講師でもあり、な

BGM
CUT
DATE
WORD
YouTube
動画制作
IDEA
YouTube
動画制作
プランナー
APPLICATION
Web
エンジニア
X
INSTA
TikTok
SNS
マーケター
Web
SITE
Web
デザイナー
Web
ライター
Lステップ
LINE
LINE
ビジネス
SNS
広告
アドマーケター

おかつ実際にそのビジネスを行っている現役プレイヤーでもある方々にナビゲートしてもらいます。

ＹｏｕＴｕｂｅ動画制作
ナビゲーター・松澤和宏さん

● どんな仕事？

ＹｏｕＴｕｂｅ用動画の制作を行います。撮影された映像や音声をカットしたり組み合わせたりして編集していきます。

クライアントが求める内容で、かつ視聴者にとってもわかりやすく、見やすくなるものに仕上げていきます。

例を挙げると、ビジネス系の動画を編集する場合、約20分の撮影データがあるとします。そこから余分な部分をカットして10分の動画を作成し、視聴者に伝わりやすいように、テロップ・画像・効果音・ＢＧＭを挿入していきます。

編集には専用の動画編集ソフトを使いますが、プロからアマチュアまで多くの人がAdobe の Premiere Pro を使用しています。

●どうやって学ぶ？

無料のリソース：ＹｏｕＴｕｂｅやブログで基本情報を学ぶことができます。自分のペースで学べてコストを抑えられる一方で、つまずいたときに自分一人で解決するのが難しいというデメリットもあります。

書籍：より深い知識を得るためには、ビジネス書や専門書を読むのがおすすめです。ただ、あまりに専門性の高いものだと、副業・フリーランスではあまり使わない知識も網羅していて挫折する可能性もあるので選ぶ際には注意しましょう。

オンラインサロン、オンラインスクール：独学だけでは難しいテーマや、プロのノウハウを直接学びたい場合、オンラインサロンに入るのが即効性があります。目的に合わせて体系的に学べて、質問対応などで一人では挫折するポイントを回避できます。ただしコストが発生します。

前述の方法のうち、自分の学びたい内容や目的に合わせて、選択するのがいいと思います。独立して働くための基礎は自分で身につけ、専門的な知識や実践的なアドバイスはプロから学ぶことが、効率的なスキルアップのコツだと思います。

●どうやって案件を取る？

受注は、クラウドソーシング、ＳＮＳ、口コミ、オンラインサロン、クライアントとの直接のつながりなど、さまざまあります。

また、友人、知人、地元の経営者とのつながりなどオフラインの場でも、動画制作を求めている方に、自分の動画編集スキルでどんな問題を解決できるのかを伝えることで、依頼につながる場合もあります。

●売り上げはどのぐらい？

例として、ＹｏｕＴｕｂｅ向けの動画編集の場合、初心者でも1本あたり５０００円から受注することができ、経験や実績が積み重なると、１万円以上も可能です。より高度なスキルを提供して1本５万円、10万円といった案件を請け負っている人もいます。
しかし、これはあくまで目安です。市場の動向や自身のスキルアップによって変わるので、常に学び続け、質を向上させることが肝要です。

スキルの習得の手軽さ★★★★★
収入★★
副業向け★★★★
フリーランス・独立向け★★★

YouTube動画制作プランナー
ナビゲーター・櫻海亭さん

●どんな仕事？

YouTubeの動画制作をプロデュースする仕事です。どんなチャンネルをつくるのかから始め、動画制作の企画立案、台本制作、実際の動画編集までをマネジメントします。

簡単な動画であれば、「機械音声」などを利用して、すべて一人で制作することも可能ですし、さらに高度なものをつくりたいなら、クラウドワークスなどを活用して、外注してつくり上げることもあります。

●どうやって学ぶ？

YouTubeの動画制作については、SNSで無料で有益な情報がたくさん得られます。

少し前は「限りなく詐欺に近い有料の情報商材」なども見受けられましたが、最近はそれも減ってきています。

学ぼうという気概がある人にとってスキルを身につけるのはそう難しくありません。そういう意味ではいい時代が来ています。簡単なものなら、根気よくやれば1〜3カ月でスキルを身につけることができます。

一方で、無料の情報があふれているからこそ、そこからビジネスとして発展させるには独学ではちょっと難しいといえます。

ですからここだけは独学ではなく信頼できて、確かな実績がある方に直接教えてもらうことをおすすめします。

●どうやって案件を取る？

まずは自分のチャンネルを運営して広告収入などで収益化を狙うことが先決です。そこでスキルアップしていけば、企業や店舗などの運営代行の案件を取ることも可能です。

●売り上げはどのぐらい？

ＹｏｕＴｕｂｅの運営は、ある意味個人事業を新規で立ち上げるみたいなものなので「確実にこれくらい」という基準はありません。

ですが、平均値的な話をすると、きっちりと時間を割いて3カ月活動できれば、外注のみで数万〜数十万円の利益をあげられることは多いです。

ただし、ＹｏｕＴｕｂｅも人気がいつまで続くのか、そのときのトレンドによって変わってくる可能性はあります。とはいえ「動画メディア」のニーズは続くと思うので、その場合はプラットフォームを変えれば続けていくことはできるでしょう。

スキルの習得の手軽さ★★
収入★★★
副業向け★★★★★
フリーランス・独立向け★★★★★

Ｗｅｂエンジニア
ナビゲーター・金子琢哉さん

●どんな仕事？

Ｗｅｂ系のエンジニアとしての仕事は基本的に「アプリケーション開発」を任されることになります。

身近な例でいえば、Ｘ（旧Twitter）やＬＩＮＥなどのサービスもＷｅｂ系エンジニアが作成するアプリケーションのひとつです。

プログラミング技術を使って、ニーズに合わせたサービスを少しずつ形作っていくわけですが、ただプログラミングができればいいというわけではなく、実際は細かなコミュニケーションをしながら、チームメンバーと協力してサービスの開発をしていく仕事です。

●どうやって学ぶ？

ゼロからエンジニアを目指す場合は、無料の範囲であればRails Tutorialなどの教材が人気です。

現段階はプログラミング学習においては、書籍よりも動画教材のほうがおすすめです。情報が更新しやすいのが一番の理由です。

安価なものであれば、Udemyにたくさん初心者向けの教材がありますので、気になったものを手に取ってみるのもひとつの手段だと思います。

どの言語がいいのか悩む方が多いですが、その点についてはエンジニアによって意見もさまざまです。となると、あくまでもプログラミング言語は「開発をするためのツール」だと割り切り、ひとつを決めてやりきるのがいいと思います。

ゼロからWeb系エンジニアを目指すのであれば、JavaScript、Ruby、Python、PHPあたりから選ぶのがおすすめです。

エンジニアの仕事は「実務経験」を積まないと学べないことが多いものです。とにかく必要な学習については期間を決めてやりきり、少しでも早く実務に関わるのがやはり一番伸びます。

●どうやって案件を取る？

エンジニアの場合は、学習の初期段階で副業にしたりフリーランスになったりするのは難しいので、まずは社員として数年の経験を積むことが肝心です。

基本的なスキルがあって、経験さえ積めば、仕事を探すこと自体はさほど難しいことではありません。

今は副業でもフリーランスでも、仕事の紹介を仲介するエージェントがたくさんあるので、それを活用することがおすすめです。

●売り上げはどのぐらい？

エンジニアとしてスキルを身につけて副業ができるようになれば、時給3000円～が一般的な価格となります。

フリーランスエンジニアであれば、時給4000～6000円、月収で60万～100万円程度を売り上げる人が多いです。

クライアントワークであっても、キャリアが長くなるにつれて、プログラムを書くだけでなく、マネジメント等、任される範囲が広がることが多いので、さらに高収入を得ることも可能です。

スキルの習得の手軽さ★
収入★★★★
副業向け★★★★★
フリーランス・独立向け★★★★★

ＳＮＳマーケター
ナビゲーター・ろじんさん

●どんな仕事？

起業家などのＳＮＳ運用全般をサポートする業務です。

具体的には動画の台本を書いたり、クライアントの元へ撮影に行き、動画編集をしたり、ＳＮＳ投稿をしたりといったことを行います。

●どうやって学ぶ？

その内容に関してＹｏｕＴｕｂｅを主としたＳＮＳでリサーチすることが重要です。たとえばＴｉｋＴｏｋでバズる方法を知りたいのであれば、「ＴｉｋＴｏｋ　バズり方」などとＹｏｕＴｕｂｅで検索して調べ、実践していきます。

●どうやって案件を取る？

自分のアカウントを伸ばした実績や他の人の動画を伸ばした実績を元に、企業に営業して、案件を獲得します。その企業のＳＮＳ運用すべてを代行する事業を構築することもあります。

●売り上げはどのぐらい？

TikTokの動画制作であれば台本1本1000〜2000円程度、動画編集は1本2000円程度、動画制作から撮影まですべて請け負う場合は1本1万〜3万円程度が一例となります。

大体月に15本程度投稿するケースが多いので、たとえば台本作成で月15本であれば1クライアントで1500円×15本で2万2500円（作業時間は1本30分程度）となります。

スキルの習得の手軽さ★★★
収入★★★
副業向け★★★
フリーランス・独立向け★★★

Webデザイナー
ナビゲーター・安本康佑さん

●どんな仕事?

Webページの「見た目」に関わる部分を制作する仕事です。具体的にはWebサイト制作、サイトやSNSに使うバナー等の素材制作など、さまざまなものがあります。

仕事の流れは以下のイメージです。

Webサイトの構成を決める:記載項目、レイアウトなどWebサイト全体の枠組みをつくる。

Webサイトをデザインする:デザインツールを使い、色合いや装飾、写真やロゴなどの配置などを考える。

Webサイトのコーディングをする:プログラミング言語(HTML、CSS、JavaScript)などを活用してサイトを制作する。言語を活用しないノーコードのツールで制作するケースもある。

● どうやって学ぶ？

ネットの無料動画を見たり、書籍を読んだりすれば独学でも一定のスキルを身につけることは可能です。

ただし独学の場合、途中で不明点があったときに質問ができないことや、自分のオリジナルの制作物をつくるときに添削をしてもらい、誤った箇所が把握できないというデメリットがあります。

やはりどこかでスクールに通う、オンラインサロンで学ぶなどして客観的な評価を受ける経験は必要だと思います。

● どうやって案件を取る？

仕事の受注は、小規模のサイトやデザインであれば、クラウドソーシング、ＳＮＳ、オンラインコミュニティからの受注が多いです。

企業案件の場合はボリュームや納期の関係から、一人で請け負うのではなく、チームを組んで制作をするケースが多くなります。

●売り上げはどのぐらい？

バナーやサムネイル等のデザイン制作：1000〜5000円程度。

デザインカンプ：3万円〜（トップページのみ）。

コーディング（制作したデザインをブラウザに表示するための指示書をつくること）：3万円〜（トップページのみ）。

スキルの習得の手軽さ★★★

収入★★★★

副業向け★★★

フリーランス・独立向け★★★★

Webライター

ナビゲーター・藤井賢多さん

●どんな仕事？

インターネット上に掲載される文章を書く仕事です。文章が掲載される場所はブログ記事やメルマガ、通販サイトの商品紹介文、ランディングページ（LP）、電子書籍、ネットニュースなど、さまざまなチャンネルがあります。

●どうやって学ぶ？

独学する場合は以下の方法があります。

書籍で学習する：『新しい文章力の教室　苦手を得意に変えるナタリー式トレーニング』（唐木元、インプレス）、『沈黙のWebライティング　Webマーケッター ボーンの激闘』（松尾茂起・著、上野高史・作画、エムディエヌコーポレーション）などがおすすめです。

自分でブログやSNS（主にX：旧Twitter）を開設し、文章を書いてみる

自分が書くジャンルの専門性を高める：たとえば不動産なら、不動産について深く勉強して知識を蓄えるなど。

一方で独学の難点は、自分の書いた文章を添削してもらう機会がないことです。これについてはオンラインサロンや添削が受けられるスクールで学ぶといいと思います。

費用はかかりますが、自分の文章を客観的に添削してもらう機会は重要です。

●**どうやって案件を取る？**

クラウドソーシング、副業・フリーランスエージェント、オンラインサロンなどを通じて受注することができます。他に自分のSNSを通じて依頼が来る場合もあるし、知人から仕事を紹介される場合もあります。

●**売り上げはどのぐらい？**

ひとつの目安として記事1本5000〜2万円、ランディングページ1本5万〜15万円です。

スキルの習得の手軽さ★★★★★

収入★★

副業向け★★★★★

フリーランス・独立向け★★★

LINEビジネス（Lステップ）
ナビゲーター・中村誠さん

●どんな仕事？

LINE公式アカウントの運用、構築をする仕事です。リッチメニューと呼ばれるLINE内のHPをつくったり、配信をライティングしたり、セールスや来店誘致、相談誘致などをLINEから行い売り上げを伸ばしたり、LINEを使った自動化で業務効率化を行ったりします。

LINE公式アカウントの拡張ツールである「Lステップ」を使うことでさらにいろいろなことができるため、Lステップの操作方法をしっかり覚えておくことが必須となります。

●どうやって学ぶ？

Lステップのスキルを習得するにはLステップ公式ブログに操作方法の説明や実例がたくさん載っていますので、そちらを参考に学んでみるといいかなと思います。YouTubeでも実例などがたくさん紹介されています。

ただ、それだけでビジネスとして成立させるまでに至るのはやはり難しいと思います。実際にLステップの仕事をしている人と交流して、現場を知ることが重要となってきます。

●**どうやって案件を取る？**

この仕事はシナリオ作成担当、デザイン作成担当など、何人かでチームを組んで行うことが多いので、まずはスクールやオンラインサロンなどで現場にいる人と交流することが重要です。

仕事に慣れてきたら自分で営業して案件を獲得することも、もちろん可能です。

●**売り上げはどのぐらい？**

安いものでも1万～20万円。しっかりと売り上げをあげる仕組みがつくれるようであれば、50万円から大きいもので150万円を超えるような単価になることもあります。

スキルの習得の手軽さ★

収入★★★★

副業向け★★★★

フリーランス・独立向け★★★★★

アドマーケター

ナビゲーター・榎原佑太さん・中村天大さん

●どんな仕事？

Webの広告の運用代行です。Web広告とは大まかに分けると、次の2種類です。

SNS広告：Meta（旧Facebook）、Instagram、YouTube、X（旧Twitter）、TikTok、LINEなど。

検索連動型広告：Google、Yahoo! JAPAN

広告の運用代行とは、インターネット上で集客をしたい企業や個人事業主（インフルエンサーや実店舗経営者）に対して、Google（ＹｏｕＴｕｂｅ含む）やＭｅｔａなどのプラットフォームで有料集客、いわゆる広告を代理で出稿する仕事です。具体的には、企画と広告文のライティング、そしてデザイン・制作となります。

加えて、誰にその広告を届けるのか、というターゲティングの設定と日々の分析などが仕事になります。

●どうやって学ぶ？

今の時代は無料のＹｏｕＴｕｂｅやブログ、あるいは書籍などを購入して設定方法から広告バナー画像などのつくり方、運用・改善方法などをひと通り学ぶことはできます。

しかし、独学では最新で成果が得られるノウハウを把握しづらい、コピーライティングのスキルを身につけるのが難しいという欠点があります。

またなんといっても実際に広告を現場でどのように回すのか、実務を知らないことには、仕事を受注するのは困難です。

やはりスクールやセミナーで、実際の広告運用を学ぶことが必要だと思います。

3時間目
どう学び、どうビジネスとして発展させるか
逃げ切るための全スキル

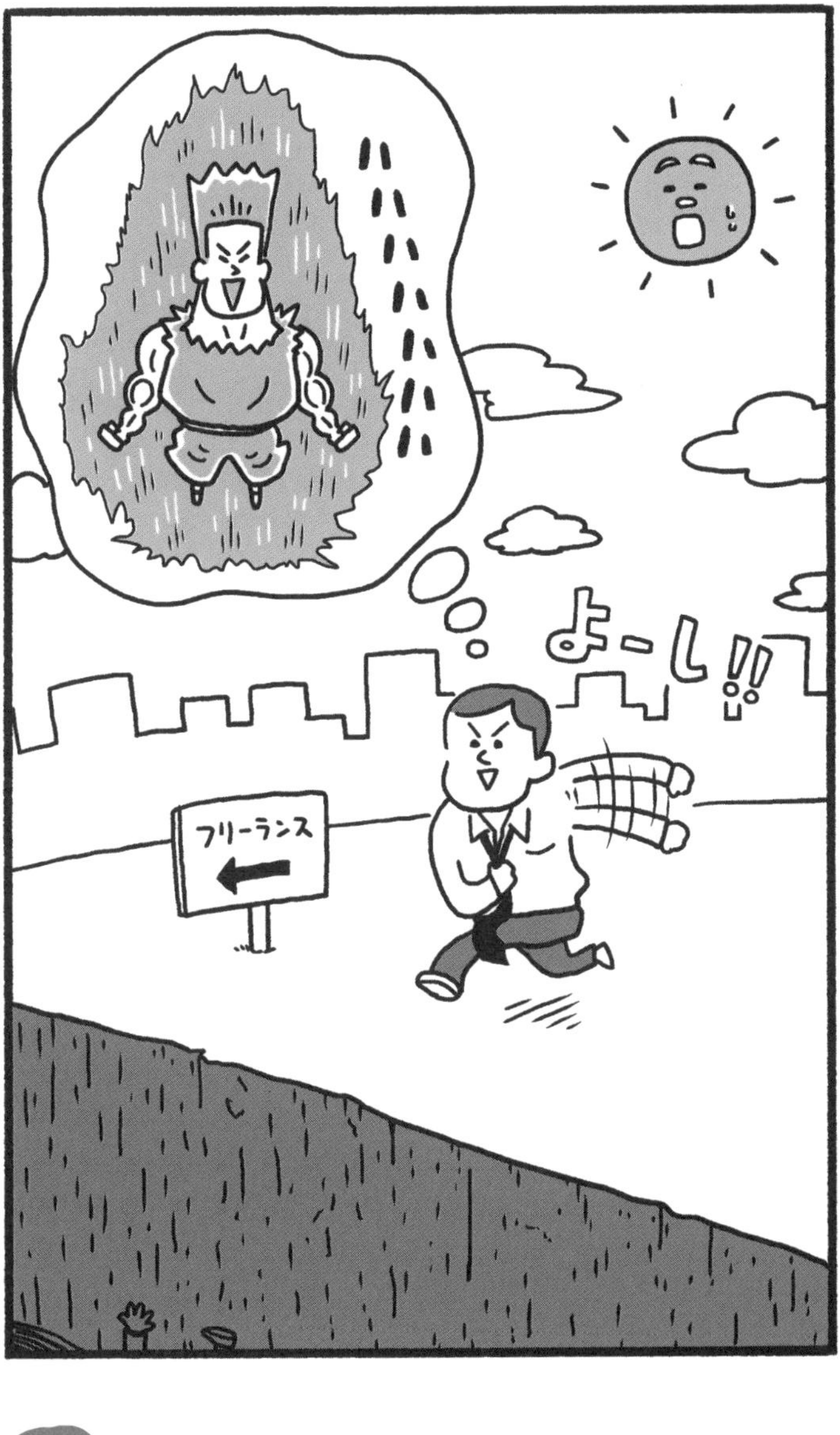

●どうやって案件を取る？

受注に関しては大まかに、リアルとWebの2通りがあります。

リアルは、経営者・起業家から直接受注することです。飲み会や交流会、ゴルフやワイン会などで経営者・起業家と出会うと、ほとんどの方は「集客」が関心ごとであり、とくに「広告」は、イメージがつきやすいため、仕事の契約まで話が進むのが早いです（LINEマーケティングやSNS運用よりも、より簡単なことが多いんです）。

Webでも、たとえば、クラウドソーシング系のサービスでたくさんの仕事があり、ワンダフルアドマーケターでは、そこでの仕事の受注をハックしていっているため、受注につながります。

広告運用をしたいクライアントは多いので、軌道に乗れば受注には困りません。

●売り上げはどのぐらい？

もっとも一般的な形は、クライアントが使用する広告費の20％の手数料を得るもの。

または、月額固定で5万〜10万円などということもあります。

クリエイティブの最適化・機械学習の最適化が進めば、運用も工数がかからなくなってきます。そのため、時給が3万～5万円になるなど、フリーランスの広告運用者でも、売り上げをスケールさせられる魅力的な仕事であると考えています。

広告運用代行の仕事は他のクライアントワークと比べて、ストック収入（たとえば毎月いくらという契約料金）といったもので安定的に積み上げていくことができます。

スキル・知識ゼロから開始して、半年ほどで月10万円ほどの売り上げ（ほぼ利益）が入ってくることも可能です。

この場合、継続で毎月入ってくることがほとんどのため、年間いくらという売り上げになる可能性が高いです。つまりその時点で年間収入120万円ほどのベースが確定してしまうようなものです。

スキルの習得の手軽さ★★
収入★★★
副業向け★★★★
フリーランス・独立向け★★★★

4
時間目

副業・フリーランスの実践術

りゅうけん「さて、みなさんの学びたいスキル、やりたい仕事が見つかりましたか？」

Bさん「魅力的な仕事ばかりですごく迷いますね。でも私はやはり当初の予定通り、プログラミングをきっちり学んでエンジニアとして一人前になりたいです」

りゅうけん「エンジニアはまだまだ売り手市場。フリーランスになってもいいし、転職にも有利ですよ。もちろん副業もしやすいです。Bさんの『ひとつのことに集中すると他のことが見えなくなる』という弱みも、この仕事ではかえっていい方向に働くと思います」

Cさん「私は広告代理店勤務なので、その経験を活かしてアドマーケターがやりたいです」

りゅうけん「それもいいですね。Cさんは仕事がうまく回らず余裕がなくなると、弱みが出やすいということなので、なるべく余裕がある状態をキープできるといいですね。ちゃんと売り上げが上がって、余裕がある状態ならばCさんの強みがしっかり出て、いい感じで戦えると思います」

Dさん　「僕は動画編集がやりたいです。なんか、人生で初めて、自分がやりたいと思えることに出会えた気がします」

りゅうけん　「それはすばらしい。動画編集はDさんが苦手だというコミュニケーションを避けたところで戦えますしね。動画編集はニーズも高いし、非常におすすめです」

Eさん　「私はLステップに興味があります！　私にはちょっと難しいかもしれないけど、なんか楽しそうだし、将来性がありそうだから、これがやりたいです」

りゅうけん　「Lステップは今後もめっちゃ伸びますよ。主婦でもやっている人がいっぱいいます。チームを組んでやることが多いし、みんなで相談しながらできるので、Eさんの『自信がない』『仕事の経験が少ない』という弱みもカバーできますしね」

Aさん　「僕はライターかな？　いや、動画編集もいいかも。あ、やっぱりLステップかな？　あ、ちょっと待って、やっぱり僕ってマーケターの才能があるかも……」

りゅうけん

「Aさんの弱みが出ている感があるので今は決めないほうがいいかもしれないです（笑）。慌てる必要はないのでゆっくり考えましょう。さて、目指す仕事が1名を除いて決まったところで（笑）、どう学べばいいのか、副業でやるべきか・フリーランスでやるべきか、フリーランスの実態、その他、実践術をお話ししていきましょう」

フリーランス
ドーン
壁が高いなぁ…
とりあえず登ってみるか…
あれ？低い…
うじゃ
うじゃ
よっ
フリーランス

副業？　フリーランス？　どっちを選ぶ？

無理やり会社を辞めて自分を覚醒させようとしてはいけない

副業・フリーランス向けのスキルを紹介してきましたが、まずはこれらを副業として取り組むのか、フリーランス・独立を目指すのかという問題があります。

私は**いきなりフリーランスを志向するのではなく、まず副業でしっかりビジネスを軌道に乗せることをおすすめ**しています。

というのも、**「現状をなんとか打開したい」といっていきなり会社を辞めて覚醒しようとする人が時々いる**からなんです。

これって漫画の功罪なんじゃないかと思うのですが、「追い込まれて覚醒する」というのが漫画の世界のパターンとしてありますよね。

それをモデルケースにして、次の仕事が決まってないし、十分なスキルも身についていないのに、**会社を辞めて自分を追い込めば、新しい自分が目覚めると思ってしまう人がいる**のです。

でもこういう人を今までたくさん見てきたけれど、だいたい失敗に終わります。勇敢ではなくて無謀です。

リスクを背負っていいのは1%の天才だけです。**私たちはみんな凡人なんだから、スーパーサイヤ人にはなれないん**です。「逃げ切り」はその先にはありません。

挑戦するのはもちろん必要だけど、ちゃんと「本業のある状態」で挑戦してください。

本業をしっかりやりながら、**副業でも十分生計を立てられるレベルの絵が描けている状態が必須**だと思います。

そして1年以上、**本業と同等以上の収入が獲得できている状態が続いたら、会社を辞めて独立を考えるのがいい**と思います。

りゅうけん格言

無理やり会社を辞めて自分を覚醒させようとしてはいけない。
私たちはスーパーサイヤ人ではない。

「売り上げ額」「理想の働き方」を具体的にイメージする

どのスキルを獲得するにしても半端な形で終わらせないことが大事です。

先に述べた「一歩を踏み出せない」話にも通じるのですが、「やろうとは思っていたけれど実際には行動できなかった」「ちょろっとかじった程度で終わってしまった」という人が多いのもまた事実です。

夢物語で終わらせないためにも、「定性的」ではなく「定量的」に考えることをおすすめしています。

「定量的」「定性的」はマーケティング用語ですが、数値で表せるものが定量、数値化できないものを定性といいます。

つまり**「年内に副業で安定的に月10万円を売り上げたい」「いついつまでに会社を辞めて独立する」「3年後には労働時間を今の半分以下にする」というのが定量的な発想**です。

逆に**「ストレスのない働き方をしたい」とか「なるべく早くFIREしたい」というのは定性的な発想。**これだといつまでたっても具体的になっていかないのです。

この考え方は文系の人などは苦手なことも多いのですが、常に数値・数量を意識することで自然にクセがついていくと思います。

1年目、2年目だからこそ副業スキルを身につける

会社員になったばかりの1年目、2年目は「まずは本業をしっかりやるべき」という風潮がありますよね。実際に会社で一人前の仕事ができるようになる30代になって初めて副業を考える……という人が多いようです。

でも**1年目、2年目の若いうちって一番給料が低くて生活が苦しいじゃないですか。**
そのときこそ副業で収入アップができたら断然ラクですよね。

その副業を一生続けるとして、**生涯年収を考えたら1年目に始めた人と、入社20年目に始めた人とではとんでもない違いが生まれます。**

副業ってやればやるほどスキルアップしていくし、後半に行けば行くほどラクになるのです。

副業を30年間やるとしますよね。最初の1年目は100万円しか売り上げが立たなかったとしても、30年後には1億円になっているかもしれません。すると、**「やらなかった人の損失」は最初の100万円ではなく、最後の1億円**です。

だからもうなるべく早く取り組むほうがいいに決まっています。早く取り組んだ人から人生、逃げ切れるのです。

りゅうけん格言

1日でも早く始めよう。
何もしなかった場合、人生における経済的損失は1億円以上にもなる。

4時間目

逃げ切れる人と逃げ切れない人の違い

うまくいっているときほど危機感を持つ

これは私の持論でもあるのですが、**うまくいっているときほど危機感を持つべきだ**と思うのです。**ピンチはチャンスで、チャンスはピンチ**なんです。

みなさんもうまくいってるときほど足をすくわれた経験ってありませんか？　徒競走でぶっちぎりの1位だったのにゴール直前でこけるとか、あとちょっとで完成するはずだったドミノを一気に倒してしまうとか！

この経験から学んだ私は、**ビジネスがうまくいっているときほど、危機感を持って次の展開を考える**というクセがつきました。

私の場合、前述のように、ブログが盛り上がったときは月収が最大５００万円あったのですが、このときは本当に「ヤバい」と焦りました。この状態がいつまでも続くはずがない、だから何か手を打っておかないと……と思い、ＹｏｕＴｕｂｅを始めたり、新規の事業を広げていきました。

これは今でもそうです。今はオンラインサロンでしっかり収益をあげることができているけれど、この先はどうなるかわからない。だから**常に新規事業に打って出る**ことを考えています。

りゅうけん格言

チャンスはピンチ、ピンチはチャンス。

「独自の手法」を編み出さない

スキルを学ぶときも、実際の仕事をする場合においても、注意してほしいことがひとつあります。

それは**「独自の手法」を編み出さない**ことです。

私が「人生逃げ切りサロン」を始めたころ、せどりで月に50万〜数百万円の売り上げをあげている人がゴロゴロいました。まだメルカリがない時代です。

私もちょっとやってみようかと思い、1冊本を買って読み、その通りにやってみたところ、**翌月すぐに粗利で10万円を売り上げることができました。**がっつり取り組んだわけではなく、スキマ時間を利用してやっただけです。

ところが世の中にはガチで物販に取り組んでも1円も売り上げられない人がいるのです。

この違いは何か、観察してわかりました。

彼らは人の言うことを聞かず「独自の手法」を編み出しているのです。「売れ線の商品はこうやってしっかりリサーチする」というのを無視して、なんだか変な調べ方をして「これが売れる」と思い込んで仕入れるなど。あと、異常なまでにあきらめが早いのも彼らの特徴でした。

独自路線はダメです。**まずは教わった通り、セオリーに忠実に、徹底的にパクる気持ちで取り組んでください。そして結果が出なくてもすぐにあきらめず、どこが悪かったのか見直して改善することも重要**です。

独自のやり方を編み出すのはビジネスが軌道に乗ってからで十分です。

逃げ切れる人の「3つの特徴」

いろんな人を見てきて思うのは、**「逃げ切れる人」と「逃げ切れない人」には歴然とした違いがある**ということです。

もちろんスキルの違いもあるのですが、それだけではない。その違いを考えてみて、以下の3つだと思いました。

①感情的にならない

②他責思考にならない

③義理人情に厚い

まず①ですが、**感情で動いてしまう人はやっぱり難しい**です。どの仕事もクライアントあってのことなので、**相手のニーズをくみ取り、それに向かって真摯に取り組む**必要があります。またうまくいかないとき、**壁にぶつかったときには、人のアドバイスを聞き入れることも重要**です。

「自分はこうでないとイヤだから」と感情で考えて理性的な判断ができなかったり、あるいはアドバイスに素直に耳を傾けることができなかったりすると、その人は伸びていきません。

②は副業・フリーランスに限ったことではないのですが、**物事がうまく進まなかったとき、何かトラブルが起こったときに人のせいにしてしまう人は成長できません。**

これは人材紹介業でもよくあることです。先日も「インフラエンジニアをやりたい」という人がいました。

インフラエンジニアはＰ１０７で述べているように私も経験しているのですが、かなりシビアで、ちょっとしたミスが命取りになるような仕事です。もちろんかなりの高いスキルも必要です。でもその人はエンジニア自体が未経験なのです。「それよりまずはプログラマーのほうがいいのではないですか」とアドバイスして、ある会社をすすめたのですが、それを聞かずに自分で選んだ会社に行ってしまいました。

未経験で採用されて、一体どういうポジションに置かれるのか、雑用的な仕事しかさせてもらえないのではないかと危惧していたのですが、案の定、半年ほどして「やっぱり辞めました」と戻ってきてしまいました。

結局インフラエンジニアの仕事はやらせてもらえなかったそうなのです。

本人はしきりに会社に恨み言を述べていましたが、本人にも原因があるわけです。ちゃんと腕を磨いてその現場に役立つスキルを身につけたら、インフラエンジニアとして使ってもらえたはずなのです。

もちろん、会社にも問題があるのだろうし、いろいろ事情はあるのだと思います。でも**他責思考になってしまうと、どんどん状況が悪くなるだけ**です。

③の「義理人情」はちょっと意外に思われるかもしれません。

本書で紹介しているのはほとんどがIT、ネットに関わる仕事ですから、あまり「人情」とかと親和性がなさそうですよね。

やっぱり最後は「人」なんです。

たとえばうちのオンラインサロンにはさまざまな講座がありますが、中にはそこで学んだ卒業生がビジネスで成功して、今度は「自分で独自に講座をつくって教える側に回りたい」という人が出てくるわけです。

その場合は、**自分が教わった講師に挨拶というか、ひと言、断りを入れるのが人としての筋**だと思うのです。それもまったく同じ商品・サービスを提供するのはNGです。

「これこれこういう講座をやりたいのですが、先生とはこういうところが違うので、やってもいいでしょうか」と聞きに来てこそだと思います。それをせずに、断りなく、勝手にやってしまう人も多いのです。

そういうことをすると、こちらも「そういう人なんだな」と見てしまうし、その人には仕事を頼まなくなってしまいます。**結局、自分が損をするのです。**

実際にちゃんと挨拶をする人、義理堅い人は仕事がどんどん回ってうまくいっています。

これからの時代、ＡＩが普及して私たちの仕事も再編されていきます。でも**「人でなければできない仕事」**は絶対残るわけで、そこでは**最後は義理人情、人柄といった、人としてのありようが問われてくる**のだと思います。

フリーランスが楽勝に逃げ切れる理由

「ありえない仕事をするオンライン秘書」が成立している現状

これは私自身の体験なのですが、少し前にフリーランスの秘書の方に仕事をお願いしていたのです。

当時はオンラインサロンが急拡大していたときで、入・退会者の管理や、その人たちとのメールのやり取りなどの事務作業を手伝ってくれる人を募集していたのです。

この方は20代後半で、秘書のキャリアを5〜6年積んでいるとのことでした。見た目もパリッとして、見るからに仕事のできそうな感じを出していました。

私も当時はまだ人に仕事を頼むのが慣れていなくて、「とりあえずやってみて、失敗しても大丈夫ですからね」みたいに期待値を下げるようなことを言ってしまったのです。

そうしたら**この人がありえないレベルでミスを連発しまくる**のです。連絡漏れとか、入会希望者からの問い合わせを平気でスルーするとか。

それを指摘すると「あ、そうですね」とミスを認めて対応してくれるのだけど、いつもサラッと流されて、なんだか反省している感じがないのです。

なんといっても困ったのは、その後もミスが全然減らなかったことです。最初は多少のミスをするにしても、だんだん減っていくのが普通ですよね。それが全然進歩がないのです。

困り果てた私の妻が「ミスをしてしまう原因はなんでしょうね」とやんわりと聞いてみたら、**「だってりゅうけんさんが失敗をしてもいいと言っていたので気にしていませんでした〜」**という答えが返ってきたそうです。これには私も絶句しました。

確かに「人間誰しもミスはあるので、仮にミスしたとしても気にしないでくださいね」とは言いました。だけど、当然ながらミスをしても問題ない、ということではありません。

その後はうちの仕事はフェードアウトしてもらったのですが、**驚くべきはこの人がその後も「オンライン秘書」として仕事をしている**ことです。

りゅうけんも呆れた……規格外のフリーランサーたち

一般の会社員からするとフリーランスは一部のずば抜けて優秀な人が独立して、すごくレベルの高いところでしのぎを削っている……というイメージがあるかもしれません。

でも必ずしもそうではなくて、失礼ながら、**落ちこぼれみたいな人とか、会社員として通用しなかった人が流れ込んでくる場所でもある**わけです。「なんでそれで独立できると思ったの……?」とビックリしてしまう人もたくさんいます。

もちろんフリーランスの中でも優秀な人もいますよ。でも実は**本当に優秀な人はひと握り**です。めちゃめちゃ優秀な人と、落ちこぼれの人と二極化している感じです。

そして私の見る限り優秀な人は2割程度です。言ってしまえば8割は社会的に不適合な人が流れ込んできている市場なのです。

逆に**会社員は一定のクオリティが担保されている人たち**です。スーパー優秀な人はそうはいないかもしれないけど、みなさん粒がそろっているわけです。

だって会社員はいろんな壁をクリアしないとなれないのですから。しかるべき学校を卒業してエントリーシートを出して1次面接、2次面接、最終面接とクリアして、ようやく「会社員という切符」を手にすることができるわけです。

逆にフリーランスは誰でもなれます。**その時点で会社員がフリーランスに負けるわけがないのです。**

普通に社会人2年目、3年目になって一人で仕事を任せられる立場になっていて、中堅ぐらいのパフォーマンスができていれば、フリーランス市場に出ても確実に勝てます。

実際にうちからプログラミングの仕事を振る場合でも、フリーランスのエンジニアより、「○○の下請け会社でエンジニアをやっていて、こちらは副業で取り組みます」という人のほうが相対的にミスが少ないし、納期もきちんと守ってくれます。

逃げ切り成功例
エゴイストになる
ダッ
ヒャッハー
本業と両立させて
心にゆとりを持つ
本業
副業
あいつ… いつも
余裕あるよな…
「頼みやすさ」を
武器にする
これもお願いできる？
OK
OK
よろこんで〜♥
環境を変え弱みが出ないようにする
ガミ
ガミ
ポロ

発注する側にしても、会社員としてきっちりこなしている人のほうが総合的な安心感があります。

「普通に仕事をしてきた会社員」が一番強い

何が言いたいかというと、**フリーランスの壁は案外低いということ**です。「自分は独立できるほどの実力がない」と言う人は多いのですが、思い切って足を踏み入れてみれば、**敵は別に大したことない**んです。

私がエンジニアとして独立したときも、まだまだ自分はスキル不足だと感じていました。でも**いざ足を踏み入れてみると、ビックリする人たちがいっぱいいた**のです。

仕事を振られているのに平気で音信不通になったり、納期をまったく守らなかったり、締め切りになると山に逃げて行方不明になる人とか……。

重要な連絡をもらうはずだったのに、約束の時間になっても全然来なくて、こちらから何度も連絡したのですが、返事がない。やっと数時間後に「すみません、気持ちが落ちてて連絡できませんでした」という人もいました。

会社員がクライアントに「○日の○時までに見積もりを送ります」という約束をして、それを破り、「気持ちが落ちてて送れませんでした」と言ったらどうなるでしょうか……。というか、そんなことありえませんよね。それがありえるのがこの世界なのです。

そんな中で私がやったことは、**普通に納期を守って普通にきちんと仕事をしただけ。**

最初のうちは全然クオリティの高い仕事もできていなかったのですが、それだけで「ありがとう。またお願いします」と言われて仕事はずっと継続しました。

気づけば「できるエンジニア」枠に入ることができていました。

フリーランスは恐るるに足らず。会社でちゃんと普通に仕事をしてきた人ならば、フリーランスになってもちゃんと戦えます。

りゅうけん格言

会社にきちっと勤めることができる人はフリーランスになっても余裕で勝てる。

SNSを活用して大きく売り上げを伸ばす方法

あなたが思ってもみないことがお金になる！

副業・フリーランスを成功させるためには、まずは必要なスキルを獲得して、ひとつひとつの案件をきっちりこなしていくことがセオリーだと述べてきましたが、**すでにスキルがある人は、SNSを活用してそれをビジネスとして発展させることも可能**です。

たとえば私の妻は中学校の音楽教師だったのですが、教師スキルを活用して、以前は家庭教師や歌を教える仕事をちょこちょことしていました。

ところがあるとき、**「ボイストレーニング（話し方）」をしてほしいというニーズが**

あることに気づいたのです。

そこでオンラインで「ボイストレーニング講座」を開催したところ、コロナ禍ということもあって、これが大人気講座となりました。

多かったのはＹｏｕＴｕｂｅｒ、あるいはＹｏｕＴｕｂｅｒを目指す人で、みなさん「話し方がうまくなりたい」「声を良くしたい」という要望があるのです。

というか、ＹｏｕＴｕｂｅｒに限らず、人前で話すことが多い人、普通の会社員も、ボイトレを学びたいという人は潜在的にすごく多いのです。

なぜ妻がこれに気づいたかというと、ブログでした。当初「元音楽教師」の経験を活かして、何か人に提供できることはないかと開設したものです。最初は何が当たるかわからなかったので、音楽のことや教育のことなど、いろいろ雑多に書いていました。

その中で断トツでヒットしたのが「ボイトレ」だったのです。これはビックリしました。音楽教師だから、歌を教える、ピアノを教えるというのは容易に思いつくけど、声の出し方や話し方を教えてほしいというニーズがあることには気づきませんでした。

ほかにも「教員採用試験合格の心得　面接編」という記事もすごく読まれて、「面接サポートサービス」をつくったりもしました。

こんなことがビジネスになるなんて、ブログを書いてなければわかりませんでした。

みなさんも**ご自分の過去の経験の棚卸しをしてみてください。**それを発信すれば、その中の何かしら、人に刺さるものがあるかもしれません。**思ってもみなかった、自分のスキルや経験してきたことがお金になるかもしれないのです。**発信することが大事です。

これからの時代、ますます「新たなビジネスチャンス」が生まれてくると思います。

シニア層ならではのポジションを取る

SNSの活用というと、インフルエンサーになって大きく収入アップ……と考える人もいると思います。

私自身もSNS発信をしてそれなりの影響力を持つことで道が開けたし、過去の著書でも発信力を高める方法について述べてきました。

ただ、ＳＮＳでフォロワーを伸ばすのは、セルフプロデュース力、独自の世界観といったことが必要で、それはやっぱり誰にでもできることではないと思います。それなりの才能も必要です。

だから話は戻ってしまうのですが、普通の人はそれよりもまず目の前の案件を確実にこなすことが先決です。

でも**これを一気に飛び越えられる人たち**がいます。
それが**シニア層の方々**です。**50代、60代、70代になると、誰しもさまざまな人生経験をしているし、若い人が知らない知識を持っています。そこに大きな価値があるのです。**
たとえば50代半ばの男性なんですが、ＴｉｋＴｏｋを始めたらめちゃめちゃバズって、今やＴｉｋＴｏｋライブをやると大盛況。何をやっているかというと昭和歌謡のリミックスで、これが若い人にめちゃめちゃウケるのです。
この人は音楽系ですが、シニア層の自己啓発系もねらい目です。

「いろいろ人生経験をして、角がとれたふうなおじさん」の話ってかなりの説得力があるのですね。だから人生を語る系は意外とファンがつくのです。

若い女性からしても、50代以降のおじさんってギラギラしてなくて安心して見ていられるんですね。だからシニアの男性にとって大きなチャンスです。**「みんなのお父さん」的なポジションを取ることで、かなり伸びると思います。**

もちろんシニア女性も同じです。うちのオンラインサロンにも**「高齢女子」というアカウントでX（旧Twitter）をやっている「凛《りん》さん」**（@GrammaRimn2）という方がいらっしゃいます。

この方は70代で、うちのサロンでも最年長かなと思うのですが、フォロワーがもう4万人以上いるのです。

つぶやく内容は昔ながらの「おばあちゃんの知恵袋」「ホッコリする癒やし系の話」といったものですが、なんか懐かしくて、読んでいてすごく安心感が持てるのです。この方も「みんなのおばあちゃん」というポジションで成功している例です。

今やSNSは別に若い人だけのメディアではないわけです。初期は若い人しかいなかったかもしれないけれど、今はもうマスに届いているメディアだから、シニア層にもしっかり浸透しています。

TikTokでも一番商品を購入する層は40代の主婦らしいですし、YouTubeも今や誰もが見ているメディアになっています。

SNSで発信者がリーチできるファンの年齢層ってプラスマイナス10歳といわれています。私は今36歳だから26歳から46歳までが対象となります。でも50代、60代の人が「みんなのお父さん」「みんなのおばあちゃん」的なポジションを取れれば、対象をグーッと押し下げて若い層にもアプローチできるわけです。

それを考えると50代、60代、それ以上の層の人にとってSNSはめちゃめちゃおいしい状況であり、圧倒的に有利です。

4時間目の重要ポイント

- 少々背伸びをしてでも今、お金が流れ込んでいるスキルを身につける。
- いきなり会社を辞めても人は覚醒できない。まずは副業からスタートして、ビジネスとして安定してから独立する。
- 会社員をしっかりこなせている人はフリーランスになっても勝てる。
- シニア層はSNS活用でブレイクできる。

5 時間目

あなたを逃げ切らせる！人生逃げ切りコーチング

サポートに回って自分のことが後回しだったBさんの転機
プログラマー

●コミュニティの中で自分を見失ってしまったBさん

Bさんはうちのオンラインサロンに入っていて、最初はなんらかの副業を始めたいということで、いろんな講座を受けるなど、かなり意欲的でした。

ところがしばらくすると少し困ったことが起こりました。

サロンにはみんなで交流するコミュニティがあるのですが、Bさんはその中で**初心者に向けて情報提供をしてあげるなど、サポート役に回り始めた**のです。

それの何がいけないのか……と思うかもしれませんが、**これはBさんのためにはなりません。**

というのも、Bさんはまだ結果を出していない状況です。「副業で月10万円ぐらいの売り上げをあげたい」という目標があったのですが、着手もできていません。

面倒見がいいのはBさんの長所ではあるのですが、自分のことに集中すべきときなのに、**人のサポートに回ることに自分の存在意義を感じたら本末転倒**になってしまいます。

●サポートに回ることで現実逃避状態に……

このBさんのような「自分のことはそっちのけでサポートに回ってしまう人」は実は少なくないのです。

私がやっているネットワークビジネスにもいたし、会社にもそういう人はいます。たとえば保険の営業マンで、給料はフルコミッション（完全歩合制）だから、ひたすら現場に出ないといけないのに、給料に関係のない「後進の育成」に回ってしまう人。昔は売れていたけど今はちょっと落ちぶれてしまった……みたいな人が多いです。そこにエネルギーを注いで現実逃避をしてしまうのです。

ビジネスを軌道に乗せるためには目標をどん欲に追っていく必要があります。会社員ならより給料を上げて昇進を狙うとか、副業を成功させたいなら発信をがんばるとか、スキルを磨くとか、人のサポートなんかするより先に「やるべきこと」がいくらでもあるはずです。

サポートに回ることで自分の目標を追うレースから逃れることができるので、それをやっているうちは競争から離脱できる、という理由付けになってしまうのです。

これでは本人のためにもならないし、コミュニティや組織のためにもなりません。「あいつがんばってないなら自分もサボっていいいか」みたいな雰囲気が醸成されてしまうからです。

● 収入アップしたいならとことんエゴイストであれ

人生を逃げ切るためにはとことんエゴイストでないといけないのです。

これはすごく重要なことだと思います。実はエゴイストであり続けるって結構大変で、ストレスがかかることなのです。

でも成功したいなら、そこを進んでいかないといけないわけです。

「社会のために」「みんなのために」とかいうのは聞こえはいいけど、自分のエゴから逃げる格好の材料になってしまいます。

人のサポートや社会貢献をしてはいけないという話ではありません。もちろんそれはすばらしいことだけど、それはビジネスを軌道に乗せて、人生逃げ切ってから行ってください。もしくは、最初から公務員や介護士のような、人に尽くす仕事に就くのがいいかもしれません。

Bさんにもそんな話をすると、ハッと気づいてくれたようで、そこから彼、変わりました。初心に戻ってプログラミングの勉強をしなおし、今では「副業で月10万円」どころか20万～30万円は軽く売り上げをあげられるようになりました。

でもやっぱり面倒見がいい人なので、人のサポートは相変わらずやっています。もちろんそれも今となっては全然OKです。

副業の動画編集で実働30分で月収70万円！

動画編集

● 動画編集の副業で月収70万円

これは私の実弟の話です。彼は以前、大手の建材・住宅設備メーカーに勤めていたのですが、今は転職してWebマーケティングのベンチャー企業で働いています。

それを本業でやりながら、副業で動画の編集を始めたのです。最初は収入が月10万円ほどだったのですが、**数年で急成長して今では月にマックスで70万円、年収ベースで600万〜700万円の売り上げを立てられるほど成長**しています。彼はまだ30代に入ったばかりですが、本業と同じぐらいの収入を副業で上げているのです。

しかも**彼の実働時間はなんと月に30分ほど**だというのです。

なぜこういうことが可能なのかというと、最初は自分でつくっていたけれど、今ではマネジメントの役目を担っているからです。

彼の指揮のもとに、彼が抱える優秀な動画編集のチームがクオリティの高いものを制作し、品質を担保してくれるのです。彼はあくまで責任者として君臨し、正当な報酬を受け取っています。

●副業で成功しても「会社を辞めない」という選択

でも彼は**副業がどんなに儲かったとしても会社を辞めるつもりはない**といいます。**副業で本業と同等の収入があることは、彼にとって大きな精神的安定につながる**からだそうです。

本業だけでも十分生活が成り立つし、貯蓄もできるけれど、それにプラスして副業の収入があることで貯蓄額が倍以上になるというのです。

しかも副業にかける時間は最小限で済むから、本業にももちろん影響はなく、しっかり仕事ができる。


この状態が彼にとってベストだというのです。でも**こういう働き方が合っているという人はかなり多い**と思います。

仮に副業1本に絞ってしまうと、必死になってもっと営業しないといけないとか、もっと優秀な人を採用しないといけないなど、そこそこのストレスになります。


これは私の感想でもあるのですが、**仕事って余裕がある人に回ってくるもの**です。

営業マンもすごく売っていて余裕のある人のほうがより売れるのです。

売れてなくて「今日契約を成立させないとノルマが達成できないから会社に帰れない」みたいに切羽詰まっている人は、お客さんが引いちゃって、より売れないのです。

恋愛だって「お前しかいない！」と必死になって迫ってくるやつより、「お前だけじゃなくて他にもいるし」みたいな感じの余裕のある人のほうがモテるじゃないですか（笑）。
それと同じで弟の場合も、**精神的・金銭的な余裕があるから、副業も本業もうまく回っている**のだと思います。

彼はもちろん優秀なのですが、副業でここまで伸びたのは「動画編集」というジャンルに目を付けたことに他なりません。

動画編集はまだまだ需要の高いジャンルです。今日踏み出した一歩が数年後の600万円を生み出すのです。

クズキャラ（？）なのに月収100万円を売り上げるAさん
マーケター

● **スキルナシ、やる気ナシ、常識ナシ（？）**

Aさんはフリーランスのマーケター。Lステップの構築を主に請け負っています。

このAさん、実はクズキャラ！　私が言ってるわけじゃないですよ、本人が自分でそう言い切っているんです。

でも自分で認めるだけあって、やってくれと言ってもやらないし、遅刻は平気でするし、わりと規格外の人物なのです。

たとえば彼にＬＩＮＥのマーケティングを教えた講師がいるのですが、その講師は決して出来のいい生徒ではないAさんを心配して、根気よく指導してくれていました。

その後、Aさんが独り立ちしてそれなりの実績をつくった頃、その講師の先生が「自分の授業に来てもらい、生徒の前でインタビューをさせてもらえないか」とAさんに持ちかけたのです。普通はお世話になった講師の先生の依頼なら、二つ返事で引き受けますよね。ところがAさんは**「ちょっと最近忙しいんでやめときまーす」**とか言って平気で断るのです。

「いやいやそこは恩があるのだから、ちょっと無理してでも行こうよ」というのが通用しないタイプでした。

● **「いじれるクズキャラ」を確立**

そんな彼だから、最初は仕事ももちろんうまくいっていませんでした。

うちのサロンに来た当初は「ライターをやりたい」ということでライターの勉強をしていたのですが、そのうち「やっぱ合わないんでやめます」と言って、今度は動画編集の勉強を始めました。

それもしばらくしてやめて、やっとLINEマーケティングの勉強を始めたのですが、そこでも落ちこぼれ寸前。いざ独立しても、スキル不足だからそんなにいきなり大きな案件がまわってくるはずもないわけです。

私もどうしたものかと悩んだけれど、**あるときふと「この人はこのままで良いのではないか?」と気づきました。**

というのも、彼は自称クズキャラではあるのですが、「いじれるクズキャラ」というか、「愛されキャラ」的なところがあるわけです。

クズキャラは彼の弱みで、変えられない部分ではあるけれど、「愛されるクズキャラ」には勝機があると考えたのです。

しばらくすると「この仕事でいいなら出すけど」「ギャラの安い仕事なんだけど、ちょっとやってもらえないかな」みたいな感じで、彼のところに仕事が集まるようになっていきました。

ギャラが安くて、半分雑用っぽい仕事など、他の人に頼むのは気が引けるものでも、彼なら頼みやすい。さながら「ハンパ仕事の受け皿」のような構図が出来上がってしまったのです。

そう、彼の最大の利点は**「クズがゆえに雑に扱っても良いと思える」＝「コミュニケーションコストが低い」**ところにあったのです。

これってフリーランスや副業において、強力なアドバンテージです。だって「あの人に頼むといろいろ面倒くさいから」「あいつに仕事を振ると文句がすごいからな……」というところ（＝コミュニケーションコストが高いところ）には、よっぽど何かの利点がない限り、誰も頼みたくないからです。コミュニケーションコストが高くても発注が来るのは、1％の天才だけです。

「めちゃめちゃお願いしにくいけど頼んだら90点の仕事をしてくる人」より、**「気軽

にお願いできて70点の仕事をしてくる人」のほうが仕事が集まりやすい構図があるの**です。**

●「クズな自分」が勝てる部分はどこか

最初のうちは彼に振られるのは雑用に毛の生えたような仕事や、格安の仕事だったのですが、それをこなしているうちに、**彼もちゃんとスキルアップしてきて、そこそこの仕事をこなせるようになっていきました。「超優秀」ではないけれど、プロとして「OK」なレベルに到達した**のです。

彼自身も、クライアントのニーズをしっかり聞き取って、それに応えることができるようになっていきました。

そうなるとますます「頼みやすい」彼に仕事が集まりはじめました。今では月収100万円は軽く超えています。

とはいってもクズキャラ部分は依然残っているのですが、彼の場合は、そこで無理に立派な人間のように装ったり、まじめなふりをしたりするのではなく、「クズキャラですみません！」と明るく開き直っているわけです。彼がまじめ路線で戦っても、本来まじめなやつには絶対叶わないわけで、そこで勝負をしなかった。

逆に**「頼みやすい」「どんな仕事もホイホイ引き受ける」というところで勝負をしたのが彼の最大の勝因**だったわけです。

ちょっとイレギュラーなタイプではあるけれど、みなさんにも参考になるところがあると思って紹介してみました。

「上から目線」でまわりに嫌われて仕事をなくしたCさんの逆転劇
Webディレクター、営業

●「コミュニケーションコストが高い」のは致命的

Cさんはそこそこ大手の広告代理店に勤めていた20代後半の女性です。キャリアは5〜6年あり、かなりてきぱきしていて仕事のできる人でした。営業成績で表彰されたこともあるそうで、意識も高いタイプです。

その後、アドマーケターとして独立したのですが、この**Cさんがちょくちょくもめ**

事を起こすのには私も冷や汗をかきました。

大手の広告代理店では華々しく活躍をしていた人がなぜもめ事……？　と思いますよね。**そこが会社員とフリーランスの違い**なのです。

ディレクターの仕事は企業から案件を取ってきて、それをチームに振ってマネジメントをする役割です。

ところがCさんはクライアントに対して平気で詰めてしまうタイプだったのです。「私たちも限られた時間の中でご提案させていただいているんです」とか、「そんなお約束はできません」とか、わりと強めの言葉を使ってしまうのです。

本人は悪気がないというか、**みんなの利益を代表して戦うことが正義だと思っているのです。その思いが強すぎて、つい上から目線になってしまうのです。**優秀すぎて上から目線になってしまう学級委員長っていますよね、あんな感じでした。

また彼女はそれを自分のチームに対しても向けてしまうところがありました。「なんで連絡が遅いのですか」とか、当たりがキツイ。すると「彼女に連絡すると怒られる」という恐怖があるから、ますます「報連相」が滞ってしまうのです。

結果的にクライアントから嫌われて案件を切られる、チームのメンバーも逃げていく……という悪循環。

彼女としては「自分は正しいのに」「みんなのためにやってあげたのに」という思いが強いから、なぜそうなるのかわからない。

結局、Cさんは**余裕がなくなると弱みが出てしまう**のです。納期に余裕があって、クライアントともチームの人ともうまくコミュニケーションが取れている状態であれば、いい雰囲気で仕事ができて、彼女の強み・いいところが出るわけです。会社員時代はそういう環境が整っていたのでしょう。

●クライアントワークの難しさ

Cさんにも同情の余地はあります。P173で述べたように、フリーランスの世界は、彼女が属していた大手企業の社員とは全く違う、ありえないレベルの仕事をする人がいっぱいいるのです。

そもそも連絡をしてこないとか、発注した後にバックレたとか、そんな人がいっぱいいるわけです。

それからクライアントだって筋の悪いところだと、振り込みが遅いとか、なかなか支払ってくれないとか、そういうところもないとはいえないわけです。

特にフリーランスになりたてのときはそういう事情がわかってなくて、見分けがつかず、困った状況に陥ってしまうケースも、残念ながらあります。

でもそれを**予防する方法**もあるわけです。フリーランスの人に頼むならまわりの評判とかを聞いてちゃんと人を選ぶとか、初めてのクライアントに対しては契約書を交わしておくなど。

そこを考えると、やっぱりすべては自分に責任があるのです。他責思考についてはP166でも述べましたが、**フリーランスでやるなら、ここは重要なポイント**です。

●彼女が見出した新しい仕事の形

行き詰まった彼女に相談をされ、状況を整理してみました。

まず**「上から目線の学級委員長」「当たりが強くてマネジメントが下手」というのは彼女の弱みであり、変えられない・変えにくい部分**です。

でも彼女はもともと能力が高く、仕事のできる人。営業して仕事を取ってくるのも上手だし、自分である程度の制作もできるわけです。

そこで**チームを組むのをやめて、すべて一人でこなすように提案**してみました。一人でやれば「みんなの代表」感を出さなくていいから、クライアントに対しても強く出なくていいわけです。

そうすれば余裕が生まれて、**彼女の弱みである「学級委員長目線」「当たりが強い」が顔を出すことがない。弱みを避けた部分で戦うことができる**ようになったのです。

彼女の手に余る案件もありましたが、その場合はフロントマンとして営業に徹し、あとは現場の人につなぐようにしました。マネジメントをしたり、人のフォローをしたりするなどの「ディフェンス」は弱いけど、企業と交渉して案件を取ってくる「オフェンス」はうまい。そこを活かしたのです。

環境を変えることで、彼女の弱みが出ない働き方ができるようになりました。

今は月に50万〜100万円は軽く売り上げを立てていて、ストレスフリーの働き方ができています。

講義を終えた5人の「逃げ切り」

講義を終えた生徒のみなさんがその後どうなったのか、ここで紹介させていただきます。それぞれご自身に合うスキルを身につけ、見事に「人生逃げ切り」の道に進み始めました。

Aさん　32歳・男性・契約社員

マーケターとして独立し、月100万円の売り上げをあげています！↓P192のAさんです！

Bさん　28歳・男性・会社員

本業の傍ら、プログラミングを学び、現在は副業で月20万〜30万円は軽くクリアしています。↓P186のBさんです！

Cさん　27歳・女性・会社員

会社員から独立。フリーランスのアドマーケターとして月に50万〜100万円の売り上げを達成できています。↓P197のCさんです!

Dさん　22歳・男性・アルバイト

高卒後、就職したものの、人間関係がうまくいかず退職。その後牛丼チェーンのアルバイトで月収12万円だったDさんですが、動画編集のスキルを身につけたことで、なんと月収100万円以上に。煩わしい人間関係もなくストレスフリーに働ける、この仕事が楽しくてたまらない様子。人生が劇的に変わったそうです。

Eさん　33歳・女性・主婦

「主婦しかしたことがなくて、何もできないんです」「自分に自信がないんです」と言い続けていたEさんですが、Lステップの技術を学び、今では受注が殺到するほどの状況に。

経済的に余裕ができたことから、うつ病の夫の療養、子育てのために地方移住も考えているそうです。「逃げ切り」を達成できたといっていいと思います。

エピローグ

もっと挑戦してみよう

父が事業に失敗して多額の借金を負い、私は**めちゃめちゃ貧乏な子ども時代**を過ごしました。

父親の年収は300万円ちょっと、母親はパートを2つ掛け持ち。それだけでも生活はギリギリなのに、ここから借金を返すのだから、それはもう大変でした。

「最低限住めるだけ」みたいなボロボロの家に住んでいたし、友達のように好きなおもちゃやゲームを買ってもらうことなど全然ありませんでした。そもそも小遣いももらえませんでした。同居していた祖母の年金なんかにも手を付けまくっていました。

でもそんな**極貧生活ながらも、私は普通に中学、高校、大学と進学**することができました。お金がなくてもがんばって勉強をして授業料を免除してもらったり、奨学金ももらうことができたからです。

人にも助けられました。

離れたところに住んでいた母方の祖父からは多大な援助をしてもらったし、近所の人、友達など、お金という形でなくても、手を差し伸べてくれる人はいっぱいいました。

もちろん父の借金を知って離れていった人もいたけど、それより「人に助けられた」ことのほうが心に残っています。**「世の中って案外優しいんだな」**というのがまぎれもない実感でした。

そんな生活だから、家族旅行もほとんど行ったことがなかったのですが、あるとき、「ちょっと気分転換に出かけようか」という話になり、父が運転して家族で小旅行に出かけたことがありました。

ところが日ごろ借金の返済のために必死で働いていた父は、かなり疲れていて睡眠不足だったのだと思います。

途中で居眠り運転をしてしまい、**反対車線に飛び出してガードレールに衝突。**そこへ**反対車線を走行していたトラックに側面衝突**されてしまったのです。

幸い、家族全員、命に別状はなかったのですが、本当に誰かが死んでいてもおかしくない事故でした。

このときは「**人って簡単にいろいろ失うんだなぁ**」と思いました。今日ある「確かなもの」が明日にはなくなっているかもしれないのです。


極貧、事故……、これら子ども時代の経験から私が学んだのはただひとつ、「**人生、挑戦すべき！**」ということです。

特に**事故を経験してからは挑戦することが全然怖くなくなりました。**

健康もそうだし、お金も人間関係も一気になくす経験をしたら、そこにしがみつく気持ちがなくなります。**だったら今、やりたいことをやったほうがいい**ですよね。


うちはギリギリ自力でやってきたけれど、**日本には生活保護というセーフティネットがあって、最後はそれで生きていくことができる**わけです。**だったら挑戦してやるだけやって、失敗したって大丈夫**なんです。**最低限の生活が保障されている、これってすばらしい社会**だと思うのです。

「生活保護を受けるなんてけしからん」とか心無いことを言う人もいるけれど、国としてそういう仕組みが整っているのだから、私たちはそれを受ける権利があるはずです。そしてそのセーフティネットがあるからこそ、安心して挑戦ができると思うのです。これが「失敗したら全部はぎとられて死ぬ」みたいな世界だったら、誰も怖くて挑戦ができません。

逆に言えば、**だからこそ、我々はもっと挑戦すべきだと思うし、挑戦に対して恐れる必要は全然ない**と思うのです。

それに私の経験上、**リスクを背負ってでも挑戦しようとする人って、誰かが応援してくれる**ものです。ちゃんと見てくれている人はいます。

一度きりの人生です。今日から一歩を踏み出し、人生を逃げ切ってください。**みなさんの逃げ切りを心から応援しています。**

２０２３年11月末日

やまもとりゅうけん

＜STAFF＞
構成／高橋扶美
編集協力／松原大輔
ブックデザイン／萩原弦一郎（256）
カバー・本文イラスト／うのき
DTP／石井香里　アイハブ
編集／尾小山友香（KADOKAWA）

やまもとりゅうけん（山本隆玄）
ワンダフルワイフ株式会社代表。
1987年大阪生まれ。神戸大学経営学部卒業。新卒で東証一部上場企業にプログラマーとして就職したのち、27歳でフリーランスエンジニアとして独立し、サイバーエージェント大阪支店等に勤務。独立と同時期に立ち上げたエンジニア向けキャリアハックメディア「RYUKEN OFFICIAL BLOG」は、月間500万円超の売り上げを記録。2017年、オンラインサロン「人生逃げ切りサロン」を開設し、3年間で参加者5000名超まで拡大。その後、オンラインサロンの精鋭メンバーを採用し、コンサル事業「ワンダフルワイフ」を立ち上げ、Web制作、IT受託開発を行う。培ったWebマーケティング、IT技術の知見をもとに、「ビジネスYouTuber」としても活躍。チャンネル登録者数は2023年10年現在約9万人を誇る。雇われるわけでもなければ雇うわけでもない。組織から自立した個人がいかに効率的に人生を勝ち抜くかについて日々発信している。著書に『「知っているかいないか」で大きな差がつく！ 人生逃げ切り戦略』『金持ちフリーランス 貧乏サラリーマン』（共にKADOKAWA）など。

なりたい自分《じぶん》になれる最速《さいそく》の技術《ぎじゅつ》
「人生《じんせい》逃《に》げ切《き》り」コーチング

2023年11月29日　初版発行

著　者／やまもとりゅうけん
発行者／山下直久
発行／株式会社KADOKAWA
〒102-8177　東京都千代田区富士見2-13-3
電話0570-002-301（ナビダイヤル）
印刷所／TOPPAN株式会社
製本所／TOPPAN株式会社

ISBN 978-4-04-606548-3 C0030